MARKETING DIGITAL

GLOSARIO

TÉRMINOS Y EJEMPLOS QUE TE LLEVARÁ MÁS ALLÁ

GONZALO CARNERO CASTILLO

2023

DEDICATORIA

Este libro es dedicado a todas las personas que creyeron y creen en mí; familia, amigos, colegas y a ustedes lectores.

PREÁMBULO

Es con gran entusiasmo y satisfacción que les presento este glosario de marketing digital, una obra creada especialmente para aquellos apasionados por esta fascinante disciplina. He tenido el privilegio de sumergirme en el vasto océano del marketing digital y explorar sus infinitas posibilidades. Ahora, es un honor compartir mis conocimientos con ustedes a través de estas páginas.

El mundo actual está experimentado una transformación profunda gracias a los avances tecnológicos y la expansión del mundo digital. Hoy en día, el marketing ya no se limita a los medios tradicionales, sino que ha evolucionado hacia un nuevo territorio, un ecosistema en constante cambio y crecimiento. En este universo digital, las estrategias de marketing han encontrado nuevas formas de llegar a las audiencias, de interactuar con ellas y de construir relaciones duraderas.

En este glosario, encontrarán un compendio de conceptos esenciales, técnicas vanguardistas y sobre todo ejemplos que te permitirán comprender el mundo del marketing digital. Desde los fundamentos básicos hasta las últimas tendencias.

Ya sea que sean estudiantes, profesionales en busca de perfeccionar sus habilidades, emprendedores que deseen impulsar sus negocios o personas que quieren conocer los términos más utilizados en este mundo digital, este glosario ha sido concebido pensando en ustedes. Cada término ha sido cuidadosamente seleccionado y explicado de manera accesible y en orden alfabético para que puedan comprenderlo y aplicarlo en su contexto particular.

Recuerden que el marketing digital es una disciplina en constante cambio. Las estrategias y tácticas que se utilizan hoy pueden ser reemplazadas por nuevas ideas y enfoques en un abrir y cerrar de ojos. Por lo tanto, los invito a no solo utilizar este glosario como un punto de partida, sino también a mantenerse actualizados, explorar nuevas tendencias y desafiar los límites de su propio conocimiento.

CONTENIDO

ix

QUE ES EL MARKETING DIGITAL

El marketing digital es el conjunto de estrategias y técnicas utilizadas para promocionar productos, servicios o marcas a través de medios digitales, como internet, redes sociales, correos electrónicos y dispositivos móviles. Su objetivo es alcanzar a la audiencia adecuada, interactuar con ellos y generar resultados medibles.

Podríamos determinar que el marketing digital con cara al futuro como una disciplina en constante evolución que aprovecha las últimas tecnologías y tendencias para alcanzar y cautivar a las audiencias en el entorno digital.

En el futuro, el marketing digital continuará transformándose y adaptándose a medida que las tecnologías avanzan y las preferencias del consumidor evolucionan.

ADBLOCKER, O BLOQUEADOR DE ANUNCIOS

Es una herramienta o extensión de software que se instala en un navegador web para bloquear o filtrar los anuncios publicitarios que aparecen en los sitios web. Su función principal es evitar que los anuncios se muestren al usuario mientras navega por Internet.

Imaginemos que estás navegando en un sitio web de noticias o entretenimiento. Mientras visitas diferentes páginas, te das cuenta de que no ves anuncios publicitarios en ninguna parte. Esto se debe a que has instalado un bloqueador de anuncios en tu navegador.

Este bloqueador filtra y elimina los anuncios antes de que sean mostrados en tu pantalla, brindándote una experiencia de navegación más limpia y sin interrupciones publicitarias.

El uso de bloqueadores de anuncios se ha vuelto cada vez más popular debido a que muchos usuarios consideran que los anuncios en línea pueden ser intrusivos, ralentizar la carga de las páginas o afectar la experiencia de navegación. Al utilizar un bloqueador de anuncios, los usuarios pueden evitar la visualización de anuncios no deseados y centrarse en el contenido que les interesa.

Sin embargo, para los profesionales del marketing digital y las empresas que dependen de la publicidad en línea, los bloqueadores de anuncios representan un desafío. Esto se debe a que reducen la visibilidad de los anuncios y disminuyen las oportunidades de llegar a los usuarios con mensajes publicitarios. Las empresas deben adaptar sus estrategias de marketing para encontrar formas más efectivas de llegar a su público objetivo, como la creación de contenido relevante y de calidad, la utilización de influencers o la implementación de publicidad nativa.

AFFILIATE MARKETING

Es un modelo en el que una persona o empresa, conocida como afiliado, promociona productos o servicios de otra empresa a través de enlaces especiales o códigos de seguimiento. Cuando alguien realiza una compra a través de esos enlaces o códigos, el afiliado recibe una comisión por la venta generada.

Imaginemos que tienes un blog donde compartes reseñas de productos electrónicos. Puedes participar en programas de Affiliate Marketing de empresas de tecnología. Por ejemplo, si te unes al programa de afiliados de una tienda en línea de electrónicos, te proporcionarán enlaces únicos o códigos de seguimiento que puedes incluir en tus reseñas. Si un

lector de tu blog hace clic en ese enlace y realiza una compra en la tienda en línea, recibirías una comisión por esa venta.

Un ejemplo más concreto sería si escribes una reseña sobre un teléfono inteligente en tu blog y utilizas un enlace de afiliado proporcionado por una tienda en línea. Si un lector de tu blog hace clic en ese enlace y compra el teléfono a través de esa tienda, recibirías una comisión por esa venta. La comisión puede ser un porcentaje del precio de venta o una cantidad fija acordada previamente entre el afiliado y la empresa.

El Affiliate Marketing es beneficioso tanto para el afiliado como para la empresa. Para el afiliado, es una forma de monetizar su contenido y generar ingresos adicionales sin tener que crear o mantener un producto o servicio propio. Solo necesita enfocarse en la promoción y el marketing de los productos o servicios de otras empresas. Por otro lado, para la empresa, el Affiliate Marketing es una estrategia efectiva para ampliar su alcance y aumentar las ventas, ya que los afiliados actúan como embajadores de la marca y pueden llegar a audiencias específicas.

Es importante destacar que el éxito del Affiliate Marketing

depende de la confianza y la credibilidad del afiliado. Los afiliados deben ser transparentes y honestos con sus seguidores al promocionar productos o servicios. Es esencial brindar información precisa y relevante sobre los productos y compartir opiniones honestas para construir una relación de confianza con los lectores.

ANALÍTICA WEB

Es el proceso de recopilación, medición y análisis de datos relacionados con el comportamiento de los usuarios en un sitio web. Su objetivo es comprender cómo los visitantes interactúan con el sitio, qué acciones realizan y qué patrones se pueden identificar para tomar decisiones informadas y mejorar la experiencia del usuario.

Imaginemos que tienes un blog personal donde compartes contenido sobre viajes. Para entender cómo los visitantes interactúan con tu blog y qué tipo de contenido les resulta más interesante, utilizas la analítica web.

A través de herramientas como Google Analytics, se puede obtener información detallada sobre su tráfico web. Puede ver cuántas visitas recibe su blog en un período determinado, cuánto tiempo pasan los

usuarios en cada página, qué enlaces hacen clic y desde qué fuentes (como redes sociales o motores de búsqueda) provienen los visitantes.

Con estos datos, se puede identificar las páginas más populares de tu blog y el contenido que genera más interés. Por ejemplo, puedes descubrir que los artículos sobre destinos de playa tienen más visitas y tiempo de permanencia que los artículos sobre ciudades históricas.

Utilizando esta información, se puede tomar decisiones informadas sobre qué temas de viaje debe abordar en futuros artículos, cómo mejorar la estructura y el diseño del blog para facilitar la navegación, o qué canales de promoción son más efectivos para atraer tráfico.

A/B TESTING

También conocido como prueba A/B, es una técnica de marketing digital que consiste en comparar dos variantes diferentes de un elemento, como una página web, un anuncio o un correo electrónico, para determinar cuál de ellas funciona mejor en términos de resultados y rendimiento.

Supongamos que estás promocionando un producto en tu sitio web y quieres aumentar las tasas de conversión. Utilizando el A/B testing, puedes probar dos versiones de la página de destino para determinar cuál de ellas genera mejores resultados.

En este caso, creas una página de destino principal (versión A) y realizas una variante (versión B) en la que cambias el título, la ubicación del botón de llamada a la acción y el color del fondo. La mitad de los visitantes del sitio web son dirigidos a la versión A y la otra mitad a la versión B.

Durante el período de prueba, se recopila datos sobre el rendimiento de ambas versiones. Puedes medir la tasa de clics en el botón de llamada a la acción, el tiempo promedio que los visitantes pasan en la página y la tasa de conversiones, es decir, cuántos visitantes completan la acción deseada, como realizar una compra o registrarse en una lista de correo.

Al finalizar el período de prueba, se analiza los resultados y determina qué variante obtuvo mejores resultados en términos de tasas de conversión. Si la versión B mostró un rendimiento significativamente superior, se puede implementar los cambios realizados en esa versión y mejorar así la eficacia de su página de destino.

ALCANCE

Se refiere a la cantidad total de personas o usuarios únicos que se ven expuestos a un determinado mensaje, anuncio o contenido en línea durante un período de tiempo específico. Es una métrica importante para medir el impacto y la visibilidad de una campaña o estrategia de marketing.

Para explicar el alcance, podríamos utilizar el ejemplo de una campaña publicitaria en redes sociales. Supongamos que quieres promocionar un nuevo curso en línea sobre fotografía y decides utilizar anuncios pagados en Instagram y Facebook para llegar a tu audiencia objetivo, que son personas interesadas en la fotografía. Durante una semana, tu campaña alcanza a un total de 5,000 usuarios únicos, es decir, 5,000 personas diferentes que ven tus anuncios en tus feeds de redes sociales.

El alcance de la campaña se determina contando el número total de personas únicas que han sido expuestas a los anuncios, sin importar si han interactuado o realizado alguna acción. En este caso, el alcance de la campaña sería de 5,000 personas.

Puedes utilizar esta métrica de alcance para evaluar el alcance potencial de tu campaña y compararlo con otros indicadores de desempeño, como el número de clics en los anuncios o las conversiones obtenidas.

ALGORITMO / ALGORITHM

Es una serie de instrucciones o reglas lógicas que los motores de búsqueda y las plataformas digitales utilizan para tomar decisiones y ofrecer resultados relevantes a los usuarios. Los algoritmos son programas de software diseñados para procesar y analizar grandes cantidades de datos con el fin de proporcionar respuestas, resultados de búsqueda, recomendaciones personalizadas y más.

Para explicar lo que es un algoritmo imaginemos que estás buscando información sobre becas universitarias en línea. Ingresas a un motor de búsqueda, escribes "becas universitarias" y presionas enter. En cuestión de segundos, el motor de búsqueda muestra una lista de resultados relevantes. Detrás de esta acción, hay un algoritmo que ha procesado y clasificado millones de

páginas web para determinar cuáles son las más relevantes y útiles para tu consulta.

El algoritmo analiza diferentes factores para proporcionar los resultados, como la relevancia de las palabras clave, la calidad del contenido, la popularidad del sitio web, la autoridad de la página y muchos otros criterios. Con base en estos factores, el algoritmo clasifica y ordena los resultados para ofrecerte los más relevantes en función de tus intenciones de búsqueda.

En el marketing digital, los algoritmos también se utilizan en redes sociales como Facebook o Instagram para determinar qué contenido se muestra en el feed de un usuario. Estos algoritmos analizan las interacciones pasadas del usuario, sus intereses, conexiones y otras variables para decidir qué publicaciones son más relevantes y tienen más probabilidades de generar interés.

Es importante destacar que los algoritmos están en constante evolución y actualización. Los motores de búsqueda y las plataformas digitales ajustan sus algoritmos regularmente para mejorar la experiencia del usuario y garantizar que se muestren los resultados más relevantes y de calidad.

API (APPLICATION PROGRAMMING INTERFACE)

Es un conjunto de reglas y protocolos que permiten la interacción y comunicación entre diferentes aplicaciones de software. Es como un "puente" que permite que dos aplicaciones se conecten y compartan datos de manera eficiente.

Imaginemos que estás desarrollando una aplicación móvil para la gestión de redes sociales. Para integrar tu aplicación con las principales plataformas de redes sociales como Facebook, Twitter e Instagram, utilizarías las APIs proporcionadas por estas plataformas. Estas APIs te permitirían acceder a funciones y datos específicos de cada plataforma, como publicar mensajes, obtener información de perfiles de usuario o realizar análisis de datos.

Un ejemplo concreto sería utilizar la API de Twitter para mostrar los tweets más recientes de un usuario en tu aplicación móvil. Mediante la API de Twitter, podrías enviar una solicitud para obtener los datos de los tweets y luego mostrarlos en tu aplicación de forma personalizada.

Las APIs en marketing digital son herramientas poderosas que permiten la integración y automatización de tareas entre diferentes sistemas y aplicaciones. También facilitan el intercambio de datos entre diferentes plataformas, lo que permite crear soluciones más completas y personalizadas para los usuarios.

Es importante destacar que el uso de APIs generalmente implica cumplir con ciertas políticas y restricciones establecidas por los proveedores de las plataformas o servicios que se están utilizando. Además, es necesario tener conocimientos básicos de programación para comprender y utilizar correctamente las APIs en el desarrollo de aplicaciones o en la implementación de estrategias de marketing.

ATTRIBUTION MODELING

Se refiere al proceso de asignar crédito o valor a los diferentes puntos de contacto o acciones de marketing que contribuyen a la conversión de un objetivo, como una venta o una suscripción. Ayuda a comprender qué canales o tácticas de marketing son más efectivos en el recorrido del cliente y cómo se deben asignar los recursos de manera óptima.

Imaginemos que trabajas en una empresa de comercio electrónico. Utilizando el Attribution Modeling, la

empresa puede rastrear y analizar los diferentes puntos de contacto que un usuario tiene con la marca antes de realizar una compra. Por ejemplo, un usuario puede haber descubierto la tienda en línea a través de una búsqueda orgánica en Google, luego hizo clic en un anuncio en redes sociales y finalmente realizó la compra después de recibir un correo electrónico promocional. El Attribution Modeling ayuda a asignar valor a cada uno de estos puntos de contacto y determinar cuál fue el más influyente en la decisión de compra.

Un ejemplo más concreto sería si la empresa utiliza un modelo de atribución llamado "último clic". Esto significa que se le da todo el crédito de la venta al último punto de contacto antes de la conversión. Si un cliente hace clic en un anuncio en redes sociales y luego realiza una compra, el anuncio en redes sociales recibiría todo el crédito por la venta. Sin embargo, si se utilizara otro modelo de atribución, como el modelo de "primer clic", donde se le da todo el crédito al primer punto de contacto, entonces la búsqueda orgánica en Google recibiría todo el crédito por la venta.

El Attribution Modeling permite a las empresas comprender mejor cómo los diferentes canales de marketing interactúan y contribuyen al éxito de las conversiones. Esto les ayuda a tomar decisiones más informadas sobre cómo asignar su presupuesto y recursos de marketing. También les permite optimizar sus estrategias de marketing al identificar los canales más efectivos y los puntos de contacto clave en el recorrido del cliente.

Es importante tener en cuenta que existen varios modelos de atribución, como el último clic, el primer clic, el modelo lineal, el modelo basado en tiempo, entre otros. Cada modelo tiene sus propias ventajas y desventajas, y la elección del modelo depende de los objetivos y las necesidades específicas de la empresa.

Se refiere al manejo y análisis de grandes volúmenes de datos recopilados de diversas fuentes, como redes sociales, sitios web, transacciones en línea, aplicaciones móviles y más. Estos datos son enormes en términos de tamaño y complejidad, y contienen información valiosa sobre el comportamiento de los consumidores, las tendencias del mercado y otros aspectos relevantes para la toma de decisiones en el ámbito del marketing.

Pongamos el ejemplo que trabajas en un proyecto de marketing para una empresa de moda. Utilizando herramientas de análisis de Big Data, puedes acceder

a una gran cantidad de datos sobre los clientes de la empresa, como sus preferencias de compra, su ubicación geográfica, su comportamiento en línea y más. Estos datos te permiten comprender mejor a los clientes, identificar patrones de consumo y tomar decisiones estratégicas basadas en evidencia.

Por ejemplo, analizando el Big Data, podrías descubrir que un segmento particular de clientes muestra una fuerte preferencia por ciertos colores de ropa. Utilizando esta información, la empresa de moda podría adaptar sus productos y promociones para satisfacer las preferencias de ese segmento, lo que podría llevar a un aumento en las ventas y la satisfacción del cliente.

El Big Data en el marketing digital también se utiliza para personalizar la experiencia del cliente. Por ejemplo, las plataformas de comercio electrónico utilizan datos de navegación y compra anteriores para ofrecer recomendaciones de productos personalizadas. Si un cliente ha comprado ropa deportiva en el pasado, el sistema podría sugerirle productos relacionados, como calzado deportivo o accesorios de entrenamiento.

BLOG

Es una plataforma en línea donde se publica regularmente contenido relevante y útil sobre un tema específico. Es una forma efectiva de compartir información, establecer autoridad en un campo y atraer a una audiencia interesada en el tema tratado.

Para explicar, podríamos utilizar el ejemplo de un profesional de nutrición que quiere compartir sus conocimientos y consejos sobre alimentación saludable.

El nutricionista decide crear un blog sobre nutrición donde publicará regularmente artículos sobre recetas saludables, consejos para llevar una dieta equilibrada y mitos comunes relacionados con la alimentación.

Cada semana, el nutricionista escribe y publica un nuevo artículo en su blog. Los artículos contienen información valiosa y basada en evidencia, junto con imágenes atractivas y enlaces a recursos adicionales.

El blog se convierte en un recurso útil para las personas que buscan información sobre nutrición. Los

lectores pueden acceder al contenido del blog de forma gratuita y encontrar respuestas a sus preguntas o inspiración para llevar una vida más saludable.

Además, el nutricionista puede interactuar con los lectores a través de secciones de comentarios en los artículos o a través de las redes sociales, donde puede promocionar su blog y compartir los nuevos artículos publicados.

A medida que el blog gana seguidores y se comparte en las redes sociales, el nutricionista puede establecer su autoridad como experto en nutrición y puede aprovechar el blog como una plataforma para futuras oportunidades profesionales, como colaboraciones con marcas o conferencias.

En resumen, un blog en marketing digital es una plataforma en línea donde se publica regularmente contenido relevante y útil sobre un tema específico. A través de un blog, el nutricionista puede compartir sus conocimientos, establecer autoridad en su campo y conectar con una audiencia interesada en el tema tratado.

CALL TO ACTION (CTA) O LLAMADA A LA ACCIÓN

Es un elemento persuasivo que se utiliza para animar a los usuarios a realizar una acción específica, como hacer clic en un enlace, registrarse en un sitio web, descargar un recurso o comprar un producto. Su objetivo es guiar al usuario hacia el siguiente paso en el proceso de marketing.

Para explicar un Call to Action, podríamos utilizar el ejemplo de una empresa que vende cursos en línea sobre desarrollo web.

Imaginemos que estás interesado en aprender a programar y encuentra un anuncio en línea que promociona un curso de desarrollo web. En el anuncio, hay un CTA que dice: "¡Regístrate ahora para acceder a nuestras lecciones gratuitas de introducción al desarrollo web!".

En este caso, el CTA "Regístrate ahora" está diseñado para llamar la atención y motivarte a tomar acción. Al hacer clic en el CTA, eres redirigido a una página de destino donde puedes completar un formulario de registro para acceder a las lecciones gratuitas.

El **CTA** se destaca visualmente y utiliza un lenguaje convincente para crear un sentido de urgencia y motivación en el estudiante. Su objetivo es convertirte en un prospecto interesado que puede convertirse en cliente en el futuro.

Los CTAs se utilizan en diferentes canales de marketing digital, como sitios web, correos electrónicos, anuncios en redes sociales o publicaciones de blogs. Son fundamentales para guiar a los usuarios a través del embudo de conversión y lograr los objetivos de marketing, ya sea generar leads, aumentar las ventas o fomentar la interacción con el contenido.

CHATBOT

Es un programa de inteligencia artificial diseñado para interactuar y conversar con usuarios a través de mensajes de texto o voz. Se utiliza para proporcionar respuestas automatizadas a preguntas frecuentes, brindar información, ofrecer asistencia o incluso realizar transacciones.

Pongamos como ejemplo que estás visitando el sitio web de una tienda en línea de ropa. Al navegar por el sitio, aparece un pequeño chat en la esquina de la pantalla que te saluda y te ofrece ayuda. Ese chat en

realidad es un chatbot. Puedes escribirle tus preguntas sobre tallas, modelos, colores, precios, etc., y el chatbot responderá automáticamente con la información que necesitas. Incluso podría recomendarte productos relacionados o ayudarte a realizar una compra.

Un ejemplo más específico sería utilizar un chatbot en la página de inicio de un sitio web de una empresa de servicios de entrega de alimentos. El chatbot podría ofrecer opciones de menús, tomar pedidos, solicitar la dirección de entrega y proporcionar detalles sobre el tiempo estimado de entrega. El chatbot facilita la experiencia del usuario al permitirle realizar todo el proceso de pedido y obtención de información de manera rápida y conveniente, sin la necesidad de interactuar directamente con un agente humano.

Los chatbots en marketing digital pueden ser programados para comprender y responder preguntas frecuentes, proporcionar recomendaciones personalizadas, recopilar información del usuario o incluso realizar transacciones. Ayudan a automatizar y agilizar las interacciones con los clientes, mejorando la experiencia del usuario y brindando respuestas inmediatas a sus consultas.

Es importante destacar que los chatbots pueden variar en su nivel de complejidad y capacidades. Algunos pueden ser más simples y responder a preguntas básicas, mientras que otros pueden ser más sofisticados, utilizando técnicas de procesamiento de lenguaje natural para comprender el contexto y mantener una conversación más fluida.

En resumen, un chatbot en marketing digital es un programa de inteligencia artificial que interactúa y conversa con usuarios a través de mensajes de texto o voz. Proporciona respuestas automatizadas a preguntas frecuentes y brinda asistencia en diferentes tareas. Un ejemplo de chatbot sería aquel que te ayuda a obtener información y realizar pedidos en un sitio web de entrega de alimentos.

COMERCIO ELECTRÓNICO O E-COMMERCE

También conocido como e-commerce, es el proceso de compra y venta de productos o servicios a través de medios electrónicos, como internet. Es una forma de realizar transacciones comerciales sin la necesidad de una interacción física directa entre el comprador y el vendedor.

Para explicar el comercio electrónico, podríamos utilizar el ejemplo de una tienda en línea que vende

ropa y accesorios.

Pongamos como ejemplo que estás buscando un nuevo par de zapatos y decides visitar una tienda en línea. En la página web de la tienda, puedes explorar diferentes categorías de productos, ver imágenes y descripciones detalladas de los productos, y conocer información sobre precios, tallas y opciones de envío.

Una vez que encuentras el par de zapatos que te gusta, puedes agregarlo al carrito de compras y proceder al proceso de pago. Para realizar la compra, puedes proporcionar tu información de pago, como detalles de tarjeta de crédito o utilizar métodos de pago electrónicos como PayPal.

Una vez que se completa la transacción, la tienda en línea procesa el pedido te envía los zapatos a través del servicio de entrega. Puedes realizar un seguimiento del estado del pedido y recibir actualizaciones por correo electrónico o en la cuenta de la tienda en línea.

El comercio electrónico te permitirá realizar compras desde la comodidad de tu hogar, sin tener que desplazarte físicamente a una tienda física. Además, ofrece la conveniencia de poder acceder a una amplia variedad de productos y comparar precios y características fácilmente.

El comercio electrónico se ha vuelto cada vez más popular y ha experimentado un crecimiento significativo en los últimos años, brindando oportunidades tanto para pequeñas empresas como para grandes empresas para expandir su alcance y llegar a una audiencia global.

COMMUNITY MANAGER

Es el profesional encargado de gestionar y administrar la presencia de una empresa o marca en las redes sociales y otras comunidades en línea. Su objetivo principal es interactuar con la audiencia, crear y mantener una comunidad activa, y fomentar la participación y el compromiso con la marca.

Para explicar un Community Manager, podríamos utilizar el ejemplo de una empresa de moda que quiere fortalecer su presencia en las redes sociales y establecer una relación sólida con sus seguidores.

Imaginemos que el estudiante sigue a esta empresa de

moda en Instagram. El Community Manager de la empresa se encarga de gestionar la cuenta de Instagram y mantener una presencia activa y atractiva en la plataforma. Se encarga de publicar contenido visualmente atractivo, como imágenes de nuevos productos, looks inspiradores o consejos de estilo. Además, responde a los comentarios de los seguidores, agradece los elogios, resuelve las dudas y se involucra en conversaciones relevantes.

También organiza y promueve concursos, colaboraciones con influencers o eventos especiales para generar interacción y participación de la comunidad. Por ejemplo, el Community Manager puede lanzar un concurso donde los seguidores deben compartir una foto usando un determinado hashtag y etiquetar a la marca. Los participantes tienen la oportunidad de ganar un premio y, al mismo tiempo, se crea un vínculo más cercano entre la marca y los seguidores.

El Community Manager también está atento a las tendencias y novedades en el ámbito de la moda y las comparte con la comunidad, manteniendo a los seguidores informados y actualizados. Además, realiza un seguimiento de las métricas y analíticas de la cuenta para evaluar el impacto de las publicaciones y las interacciones de la comunidad.

CONTENT MARKETING

Es una estrategia que consiste en crear y compartir contenido relevante, valioso y atractivo para atraer y retener a una audiencia específica. El objetivo principal del Content Marketing es generar interés, establecer una relación de confianza con la audiencia y, en última instancia, impulsar acciones rentables, como la compra de productos o servicios.

Imaginemos que tienes una gran pasión por la cocina. Decides iniciar un blog de recetas de cocina y utilizar el Content Marketing como estrategia para atraer a una audiencia interesada en aprender nuevas recetas y técnicas culinarias. En tu blog, publicas regularmente artículos detallados sobre recetas, consejos de cocina, guías paso a paso y vídeos tutoriales. Además, compartes el contenido en tus redes sociales y fomentas la participación de los lectores a través de comentarios y preguntas.

Un ejemplo concreto sería si publicas una receta de brownies en tu blog. No solo compartes la lista de ingredientes y los pasos para prepararlos, sino que también brindas consejos para obtener una textura y sabor perfectos. Además, puedes incluir imágenes atractivas del proceso de preparación y del resultado

final. También puedes aprovechar las redes sociales para compartir una foto del delicioso brownie recién salido del horno y animar a tus seguidores a visitar tu blog para obtener la receta completa.

La idea detrás del Content Marketing es ofrecer valor a la audiencia a través del contenido. En lugar de enfocarse únicamente en promocionar productos o servicios, el Content Marketing se centra en educar, entretener o informar a la audiencia. Al proporcionar contenido valioso y relevante, te conviertes en una fuente confiable de información y generas una relación de confianza con tu audiencia.

El Content Marketing puede ayudar a establecer tu autoridad y experiencia en un área particular, atraer a nuevos visitantes a tu sitio web o blog, aumentar el compromiso y la interacción de la audiencia, y generar oportunidades de negocio a largo plazo. También es una forma efectiva de posicionarte como referente en tu campo y diferenciarte de la competencia.

CLICKBAIT

Es una técnica que busca atraer la atención de los usuarios con títulos o descripciones exageradas, sensacionalistas o engañosas, con el objetivo de generar clics y aumentar el tráfico hacia un sitio web o contenido específico.

Pongamos como ejemplo que estás navegando por las redes sociales y te encuentras con un artículo titulado: "Increíbles secretos para tener éxito en los exámenes ¡Garantizado!". El título suena muy prometedor y despierta tu curiosidad, por lo que decides hacer clic para leer el artículo completo. Sin embargo, al acceder al artículo, te das cuenta de que el contenido es bastante básico y no cumple realmente con las expectativas generadas por el título llamativo. En este caso, el título exagerado y sensacionalista es un ejemplo de clickbait.

Otro ejemplo podría ser un anuncio en línea que muestra una imagen intrigante o un fragmento de información intrigante, pero al hacer clic en él, te lleva a una página de ventas o a contenido publicitario que no tiene relación directa con la imagen o la información que captó tu atención inicialmente.

El clickbait busca aprovechar la curiosidad y el interés de las personas para atraer clics y generar tráfico hacia una página web o contenido específico. Sin embargo, puede generar una sensación de decepción o engaño en los usuarios cuando la promesa inicial no se cumple en el contenido real.

Es importante tener en cuenta que el uso excesivo de clickbait puede afectar la credibilidad y confianza de una marca o sitio web. Aunque puede generar un aumento en el número de clics, puede resultar contraproducente a largo plazo si los usuarios se sienten engañados o defraudados.

En resumen, un clickbait en marketing digital es una técnica que utiliza títulos o descripciones llamativas y exageradas para atraer la atención de los usuarios y generar clics. Sin embargo, el contenido real puede no cumplir con las expectativas generadas, lo que puede generar una sensación de decepción o engaño en los usuarios.

CONVERSIÓN

Se refiere al objetivo deseado que se logra cuando un usuario realiza una acción específica que es valiosa para el negocio. Esta acción puede variar según los objetivos de marketing establecidos, como realizar una compra, suscribirse a una lista de correo electrónico, completar un formulario de contacto o descargar un recurso.

Para explicar la conversión, podemos utilizar el

ejemplo de una tienda en línea que vende productos electrónicos y estás interesado en comprar un nuevo teléfono inteligente. Navegas por diferentes sitios web y finalmente encuentras una tienda en línea que ofrece el modelo que deseas. Agregas el teléfono al carrito de compras y completas el proceso de pago, proporcionando tu información de pago y dirección de envío. Al finalizar la compra, se ha realizado una conversión.

En este ejemplo, la conversión es la acción de comprar el teléfono. Es el resultado deseado por la tienda en línea, ya que genera ingresos y satisface la necesidad de obtener un nuevo teléfono inteligente.

Sin embargo, las conversiones no se limitan solo a las compras. Pueden ser cualquier acción que se considere valiosa para el negocio, como completar un formulario de registro, suscribirse a un boletín informativo, solicitar una cotización o realizar una descarga.

Por ejemplo, si visitas el sitio web de una empresa de software y te registras para recibir un libro electrónico gratuito sobre programación, la acción de

proporcionar tu nombre y dirección de correo electrónico para recibir el libro electrónico sería una conversión en este caso.

La tasa de conversión es una métrica importante en marketing digital, ya que indica el porcentaje de usuarios que realizan la acción deseada en relación con el número total de visitantes. Las estrategias de marketing se centran en mejorar la tasa de conversión al optimizar el sitio web, el diseño de la página de destino, los llamados a la acción y otros elementos clave que influyen en la toma de decisiones de los usuarios.

CONVERSION FUNNEL (EMBUDO DE CONVERSIÓN)

Es un concepto que representa el recorrido que sigue un usuario desde su primera interacción con una empresa o marca hasta la conversión final, que puede ser una compra, una suscripción o cualquier otra acción deseada. Se utiliza para visualizar y comprender el proceso de transformar a un visitante en un cliente o seguidor leal.

Imaginemos que has lanzado una tienda en línea para vender productos personalizados, como camisetas con diseños exclusivos. Al utilizar un Conversion Funnel,

puedes analizar el proceso por el cual los visitantes de tu tienda se convierten en clientes. El Conversion Funnel se divide en diferentes etapas que representan las acciones que los usuarios deben realizar para avanzar hacia la conversión final.

Un ejemplo concreto sería el siguiente Conversion Funnel para tu tienda en línea de camisetas personalizadas:

Etapa de Conciencia: Los usuarios descubren tu tienda a través de diferentes canales, como anuncios en redes sociales, búsqueda en Google, recomendaciones de amigos o influenciadores. En esta etapa, el objetivo es captar la atención del usuario y generar interés en tus productos.

Etapa de Interés: Los usuarios visitan tu tienda en línea y exploran los productos. Pueden ver las diferentes opciones de diseño, leer las descripciones de los productos y verificar los precios. En esta etapa, debes proporcionar información clara y atractiva para mantener su interés y persuadirlos a considerar una compra.

Etapa de Consideración: Los usuarios han mostrado

interés en tus productos y están evaluando si realizar la compra. Pueden comparar precios, leer reseñas de otros clientes, buscar opiniones en redes sociales o suscribirse a tu boletín informativo. En esta etapa, es importante brindarles la información que necesitan para tomar una decisión informada y superar cualquier objeción que puedan tener.

Etapa de Acción: En esta etapa, los usuarios toman la acción deseada, que es realizar la compra de una camiseta personalizada. Pueden agregar el producto al carrito de compras, completar el proceso de pago y proporcionar la información de envío. En esta etapa, debes facilitar el proceso de compra y asegurarte de que la experiencia sea fluida y segura.

El Conversion Funnel te permite identificar posibles áreas de mejora en el proceso de conversión y optimizar cada etapa para aumentar las tasas de conversión. Por ejemplo, si notas que muchos usuarios abandonan el carrito de compras en la etapa de Acción, puedes implementar mejoras, como simplificar el proceso de pago, ofrecer opciones de pago seguras y proporcionar incentivos, como descuentos o envío gratuito.

CONVERSION RATE, O "TASA DE CONVERSIÓN"

Se refiere a la métrica que indica el porcentaje de visitantes de un sitio web o usuarios de una campaña de marketing que completan una acción deseada, como realizar una compra, suscribirse a un boletín informativo, llenar un formulario, descargar un archivo, entre otras.

Pongamos como ejemplo que estás a cargo de promover un evento universitario en línea. Creas una página web donde los estudiantes pueden registrarse para asistir al evento. Durante el período de promoción, 1000 estudiantes visitan la página web, pero solo 100 de ellos se registran para participar. En este caso, la tasa de conversión sería del 10% (100 registros divididos por 1000 visitas multiplicado por 100).

La tasa de conversión es una métrica importante en el marketing digital, ya que indica qué tan efectiva es una estrategia o campaña para lograr los objetivos deseados. Un alto índice de conversión implica que la estrategia está generando un buen nivel de compromiso y respuesta por parte de los usuarios, mientras que una baja tasa de conversión puede indicar áreas de mejora en la estrategia.

Para aumentar la tasa de conversión, los profesionales del marketing digital pueden realizar diversas acciones, como mejorar la usabilidad y el diseño del sitio web, optimizar los formularios de registro, ofrecer incentivos atractivos, crear llamados a la acción claros y persuasivos, o personalizar la experiencia del usuario. Por ejemplo, si notas que muchos estudiantes abandonan el formulario de registro a mitad de camino, podrías simplificar el proceso, reducir la cantidad de campos requeridos o agregar mensajes que generen confianza y seguridad.

Concretamente, la tasa de conversión en el marketing digital es el porcentaje de visitantes o usuarios que realizan una acción deseada, como completar una compra o registrarse en un evento. Es una métrica que indica qué tan efectiva es una estrategia o campaña para lograr los objetivos establecidos. A través de diversas acciones de optimización, los profesionales del marketing pueden mejorar la tasa de conversión y aumentar la efectividad de sus esfuerzos.

CRM, O CUSTOMER RELATIONSHIP MANAGEMENT (GESTIÓN DE RELACIONES CON EL CLIENTE)

Se refiere a una estrategia y tecnología utilizada para

administrar las interacciones y relaciones con los clientes a lo largo de su ciclo de vida.

Imaginemos que estás interesado en comprar una maquina para hacer deporte en casa. Visitas el sitio web de una tienda en línea y te registras como cliente. A partir de ahí, la tienda utiliza un sistema de CRM para recopilar información sobre tus preferencias, historial de compras y otras interacciones contigo. Esta información se utiliza para ofrecerte una experiencia personalizada, como recomendaciones de productos basadas en tus intereses, ofertas especiales o incluso recordatorios de renovación de contrato. Además, cuando tienes alguna consulta o problema, el sistema de CRM permite a la tienda brindarte un servicio al cliente eficiente y personalizado.

En este ejemplo, el CRM ayuda a la tienda en línea a administrar eficazmente la relación con sus clientes. Les permite recopilar y almacenar información relevante sobre los clientes, lo que les permite comprender mejor sus necesidades y preferencias. A través del uso de esta información, la tienda puede brindar una experiencia personalizada, mantener una comunicación constante y mejorar la satisfacción del cliente.

El objetivo del CRM en marketing digital es fortalecer las relaciones con los clientes, aumentar la retención y fidelización, y mejorar la eficiencia operativa. Al mantener una base de datos actualizada con información detallada sobre los clientes, las empresas pueden brindar un servicio más personalizado y adaptado a las necesidades individuales de cada cliente.

CTR (CLICK-THROUGH RATE)

Es una métrica que se utiliza para medir la efectividad de un anuncio o enlace al calcular el porcentaje de personas que hacen clic en él en relación con el número total de personas que lo ven. Es una forma de evaluar qué tan atractivo y relevante es el contenido para los usuarios y cómo está generando interés y engagement.

Supongamos que estás navegando por tu red social favorita y te encuentras con un anuncio que muestra la información del próximo concierto de tu banda favorita. El anuncio tiene una imagen llamativa y un mensaje atractivo que invita a hacer clic para obtener más detalles o comprar boletos.

El CTR sería el porcentaje de personas que hacen clic en el anuncio en relación con el número total de

personas que lo ven. Por ejemplo, si el anuncio se muestra a 100 personas y 10 de ellas hacen clic en él, entonces el **CTR** sería del 10%.

Un **CTR** alto indica que el anuncio ha captado la atención de los usuarios y ha generado interés suficiente como para que hagan clic y accedan a más información. Un **CTR** bajo puede indicar que el anuncio no está generando suficiente interés o no se está comunicando de manera efectiva con el público objetivo.

El CTR es una métrica importante en marketing digital porque proporciona información sobre el rendimiento de los anuncios y la efectividad de las estrategias de marketing. Un alto CTR indica que el contenido es relevante y atractivo para los usuarios, lo que puede llevar a más conversiones y resultados positivos para el negocio.

Los profesionales del marketing utilizan el CTR para realizar pruebas y optimizar sus anuncios, ajustando elementos como el título, la imagen, el texto o la segmentación del público para mejorar el rendimiento y aumentar el número de clics.

CUSTOMER JOURNEY (VIAJE DEL CLIENTE)

Se refiere al proceso que sigue un cliente desde el momento en que descubre una marca o producto hasta que completa una acción, como realizar una compra. Es la representación de todas las interacciones y experiencias que un cliente tiene con una empresa a lo largo de su recorrido.

Pongamos como ejemplo que estás interesado en comprar una tablet. Tu Customer Journey comenzaría cuando te das cuenta de que necesitas un nuevo teléfono y comienzas a investigar en línea las diferentes marcas y modelos disponibles. Luego, visitas las páginas web de varias marcas, lees reseñas y comparas características y precios.

Después de investigar, puedes tomar la decisión de visitar una tienda física para ver y probar las tablets en persona. Allí, un vendedor te brinda información adicional y responde a tus preguntas. Finalmente, eliges una y realizas la compra.

En este ejemplo, el Customer Journey incluye varias etapas:

Conciencia: Te das cuenta de que necesitas una nueva tablet y comienzas a investigar en línea.

Consideración: Exploras diferentes marcas y modelos, lees reseñas y comparas características y precios.

Decisión: Visitas una tienda física, interactúas con un vendedor y tomas la decisión de compra.

Acción: Realizas la compra de la tablet elegida.

El Customer Journey no se limita solo a la fase de compra, sino que también incluye la experiencia posterior a la compra, como el uso del teléfono y el servicio de atención al cliente que puedas recibir.

El objetivo del Customer Journey es comprender cómo los clientes interactúan con una marca en cada etapa y proporcionarles una experiencia positiva y coherente en todos los puntos de contacto. Esto implica brindar información relevante y útil en cada fase, ofrecer una experiencia de compra fluida y satisfactoria, y brindar un excelente servicio postventa.

Al comprender el Customer Journey, las empresas pueden identificar oportunidades para mejorar la experiencia del cliente, identificar posibles obstáculos o fricciones en el proceso de compra y personalizar las interacciones con los clientes en función de sus necesidades y preferencias.

DARK SOCIAL

Se refiere a la actividad de compartir contenido en plataformas de comunicación privadas y encriptadas, como aplicaciones de mensajería instantánea, correos electrónicos personales o mensajes directos en redes sociales. A diferencia de las redes sociales públicas, donde las interacciones y el contenido son visibles para todos, el Dark Social es más privado y difícil de rastrear.

Imaginemos que te encuentras un artículo interesante en un sitio web de noticias. En lugar de compartirlo en tu perfil de Facebook o Twitter, decides copiar el enlace y enviarlo a un grupo de amigos a través de WhatsApp. Luego, ellos pueden hacer lo mismo y compartirlo con otras personas a través de sus propios chats privados. Esta actividad de compartir contenido en plataformas de mensajería privadas es un ejemplo de Dark Social.

El término "Dark Social" surgió porque esta forma de compartir contenido no deja rastros públicos o referencias claras de dónde proviene el tráfico. Por lo tanto, los especialistas en marketing pueden tener dificultades para medir con precisión el impacto de las interacciones en el Dark Social, ya que no se refleja directamente en las métricas tradicionales, como los clics en enlaces compartidos en redes sociales públicas.

Sin embargo, el Dark Social es importante en el marketing digital, ya que puede generar un impacto significativo en la difusión de contenido y la generación de tráfico hacia un sitio web. Las personas suelen compartir contenido relevante, recomendaciones de productos o promociones especiales a través del Dark Social debido a su carácter privado y de confianza. Estas interacciones pueden llevar a un aumento del tráfico orgánico, a un mayor compromiso con el contenido y a la generación de ventas o conversiones.

Para aprovechar el Dark Social, los profesionales del marketing pueden facilitar y alentar el intercambio de contenido mediante botones de compartir en aplicaciones de mensajería, la inclusión de enlaces con parámetros de seguimiento o la implementación de herramientas de análisis que ayuden a identificar y medir el tráfico proveniente de plataformas de mensajería privadas.

DISPLAY ADS

Se refiere a los anuncios visuales que se muestran en sitios web, aplicaciones móviles y otras plataformas digitales. Estos anuncios suelen incluir imágenes, gráficos, texto y enlaces que capturan la atención de los usuarios y los redirigen a un sitio web o una página de destino específica.

Para explicar display ads, podemos utilizar el ejemplo de un estudiante que busca información sobre un nuevo curso en línea.

Imaginemos que el estudiante está navegando por un sitio web de noticias y, en un costado de la página, ve un anuncio que muestra una imagen llamativa de un profesor sosteniendo un diploma y un texto que dice: "¡Aprende las habilidades del futuro con nuestro curso en línea!" El anuncio también tiene un botón de "Más información" que invita al estudiante a hacer clic.

Estos anuncios visuales son display ads. Su objetivo es atraer la atención del estudiante y generar interés en el curso en línea. Al hacer clic en el anuncio, el

estudiante puede ser redirigido a la página de inicio del curso, donde encontrará más detalles, contenido adicional y la opción de registrarse.

Los display ads se utilizan para aumentar la visibilidad de una marca, promocionar productos o servicios específicos, generar tráfico hacia un sitio web o aumentar las conversiones. Pueden aparecer en forma de banners en la parte superior, lateral o inferior de una página web, o incluso en aplicaciones móviles.

Los profesionales del marketing digital crean y gestionan display ads utilizando plataformas de publicidad en línea, como Google Ads. Estas plataformas permiten segmentar el público objetivo en función de diversos criterios, como ubicación geográfica, intereses o comportamiento en línea, lo que permite llegar a la audiencia adecuada de manera más efectiva.

DWELL TIME

Se refiere al tiempo que un usuario pasa en una página web desde que hace clic en un enlace hasta que regresa a los resultados de búsqueda o abandona el sitio. Es una métrica que se utiliza para evaluar la relevancia y la calidad del contenido de una página web.

Imaginemos que estás realizando una investigación para un proyecto. Encuentras un enlace en los resultados de búsqueda que parece tener información relevante para tu trabajo. Haces clic en el enlace y llegas a una página web. El Dwell Time sería el tiempo que pasas leyendo y explorando esa página antes de decidir si regresar a los resultados de búsqueda o continuar navegando por el sitio.

Supongamos que haces clic en un enlace que te lleva a un blog con información detallada sobre el tema de tu investigación. Si pasas varios minutos leyendo el contenido, sigues explorando otros artículos relacionados en el blog y finalmente decides compartir el artículo en tus redes sociales porque lo encontraste muy útil, eso indica un alto Dwell Time.

Un alto Dwell Time generalmente se interpreta como una señal positiva en marketing digital, ya que indica que los usuarios encuentran el contenido relevante, interesante y útil. Por otro lado, un bajo Dwell Time podría significar que el contenido no cumplió con las expectativas del usuario o no era lo que buscaban.

Las métricas de Dwell Time son utilizadas por los motores

de búsqueda para evaluar la calidad del contenido y su relevancia para los usuarios. Si un motor de búsqueda observa que muchos usuarios abandonan rápidamente una página después de hacer clic en un enlace, podría interpretar que el contenido no es satisfactorio y afectar negativamente su posicionamiento en los resultados de búsqueda.

Para mejorar el Dwell Time de una página web, es importante ofrecer contenido relevante, interesante y bien estructurado. Esto puede incluir un diseño atractivo, encabezados claros, párrafos concisos, imágenes relevantes y enlaces internos que guíen a los usuarios a explorar más contenido relacionado.

EFECTO HALO

Se refiere a la influencia positiva o negativa que puede tener una característica o aspecto destacado de una marca, producto o persona en la percepción general de los consumidores sobre ella.

Imaginemos que estas interesado en comprar una laptop. Has escuchado muchas cosas positivas sobre una determinada marca y sus productos, como su diseño elegante, su procesador de alta calidad y su

rendimiento potente. Basándote en estas características destacadas y positivas, asumes que todos los demás aspectos del aparato, como su durabilidad, la calidad de su batería o la experiencia del usuario, también serán excelentes.

Esto es un ejemplo del Efecto Halo, donde una característica positiva influye en la percepción general del producto y genera expectativas positivas en otros aspectos.

Por otro lado, el Efecto Halo también puede funcionar en sentido contrario. Supongamos que has tenido una mala experiencia con el servicio al cliente de una empresa. Como resultado, tienes una percepción negativa de la empresa en su totalidad, incluso si sus productos o servicios son de alta calidad. En este caso, la experiencia negativa afecta tu opinión general sobre la marca, generando un Efecto Halo negativo.

El Efecto Halo puede tener un impacto significativo en la forma en que los consumidores perciben y toman decisiones sobre una marca o producto. Es importante que las empresas se esfuercen por mantener una imagen positiva y consistente en todas las áreas relevantes, ya que una característica o aspecto negativo destacado puede influir en la percepción general de los consumidores y afectar su intención de compra.

<u>ENGAGEMENT</u>

Se refiere a la medida en la que los usuarios interactúan, participan y se involucran con una marca o contenido en línea. Es una métrica que indica la conexión emocional y el nivel de interés que los usuarios tienen con respecto a una marca, producto o servicio.

Para explicar el engagement, podríamos utilizar el ejemplo de una marca de ropa que utiliza las redes sociales para interactuar con su audiencia.

Imaginemos que sigues a esta marca de ropa en Instagram. La marca publica regularmente contenido visualmente atractivo, como imágenes de las últimas tendencias de moda, consejos de estilo, historias detrás de escena o desafíos creativos. Además, responden a los comentarios de los seguidores, hacen preguntas en las publicaciones para fomentar la participación y utilizan hashtags específicos para que los seguidores compartan su contenido.

El engagement sería la medida en la que los seguidores interactúan con el contenido de la marca. Por ejemplo, si los seguidores comentan las publicaciones, dan "me gusta", comparten las imágenes o utilizan los hashtags propuestos, se considera que están participando y mostrando un alto nivel de engagement.

Un alto engagement indica que la marca ha logrado captar la atención de los seguidores, generar interés y establecer una conexión emocional. Esto puede llevar a una mayor lealtad de la marca, compartir el contenido con otros usuarios y, en última instancia, a más conversiones y resultados positivos para el negocio.

El engagement se puede medir mediante métricas como el número de comentarios, "me gusta" y compartidos en las publicaciones, la tasa de participación y la cantidad de seguidores nuevos o recurrentes. También se puede evaluar la calidad de la interacción, como comentarios significativos, sugerencias o historias personales compartidas por los seguidores.

Las estrategias para aumentar el engagement incluyen la creación de contenido relevante y atractivo, la interacción activa con los seguidores, el uso de técnicas de gamificación o desafíos, la colaboración con influencers o la personalización de la comunicación.

EMAIL MARKETING

Es una estrategia que consiste en enviar correos electrónicos a una lista de contactos con el objetivo de establecer y mantener una relación con ellos, promover productos o servicios, enviar contenido relevante y generar acciones como ventas, registros o visitas al sitio web.

Para explicar el email marketing, podemos utilizar el ejemplo que te suscribes al boletín informativo de una tienda en línea de artículos deportivos.

Imaginemos que estás interesado en estar al tanto de las últimas promociones, nuevos lanzamientos y consejos relacionados con tu deporte favorito. Visitas el sitio web de la tienda y te suscribes al boletín ingresando tu dirección de correo electrónico. A partir de ese momento, comienzas a recibir correos electrónicos periódicos de la tienda. Estos correos pueden incluir contenido como descuentos exclusivos, recomendaciones de productos, consejos de entrenamiento, testimonios de clientes satisfechos,

invitaciones a eventos deportivos o noticias relevantes del mundo deportivo.

El email marketing permite a la tienda mantener una comunicación constante contigo, brindándote información relevante y ofreciendo oportunidades de compra. Los correos electrónicos pueden ser personalizados en función de tus preferencias, tu historial de compras o tu ubicación geográfica.

Un ejemplo concreto sería cuando recibes un correo electrónico promocional que ofrece un descuento del 20% en todos los productos de su deporte favorito durante una semana. Puedes hacer clic en el enlace del correo para acceder directamente a la tienda en línea y realizar una compra utilizando el código de descuento proporcionado.

El email marketing es una estrategia efectiva porque permite llegar directamente a la bandeja de entrada de los usuarios, donde es más probable que vean y presten atención al mensaje. Además, permite segmentar y personalizar los correos electrónicos para adaptarse a las preferencias e intereses de cada suscriptor, lo que aumenta la relevancia y la probabilidad de respuesta.

Sin embargo, es importante destacar que el email marketing debe realizarse de manera ética y respetuosa, cumpliendo con las regulaciones de privacidad y ofreciendo a los suscriptores la opción de darse de baja en cualquier momento.

FEED

un feed se refiere a una estructura de datos que contiene información organizada de manera secuencial. Es utilizado para distribuir y presentar contenido de manera automatizada en diversos canales, como redes sociales, sitios web y aplicaciones móviles.

Imagina que estás utilizando una red social como Instagram. En tu página de inicio, te encuentras con una secuencia de publicaciones de diferentes usuarios. Cada publicación, como una foto o un video, se muestra en un orden específico y se actualiza constantemente. Esa secuencia de publicaciones que ves se conoce como "feed".

El feed de Instagram se genera utilizando un algoritmo que selecciona y muestra el contenido relevante para ti, basado en tus preferencias, interacciones y el contenido que sigues. En este caso, el feed es una recopilación de publicaciones de distintas cuentas a las que sigues, presentadas de manera secuencial en tu pantalla.

En el ámbito del marketing digital, los feeds son utilizados por las marcas y empresas para mostrar su contenido a una audiencia específica. Por ejemplo, una marca de ropa puede utilizar el feed de Instagram para compartir imágenes de sus nuevos productos, promociones o colaboraciones con influencers. El contenido de la marca se incorpora en el feed de los usuarios que siguen a la marca, junto con otras publicaciones de otras cuentas que siguen.

El uso de un feed en marketing digital permite a las empresas mantener una presencia constante y actualizada en los canales digitales, llegar a su audiencia objetivo de manera más eficiente y ofrecer contenido relevante de manera automatizada.

GAMIFICATION

Se refiere a la aplicación de elementos y técnicas de juego en contextos no relacionados con los juegos, con el fin de aumentar el compromiso, la participación y la motivación de los usuarios. Se utiliza para convertir tareas o actividades en experiencias más divertidas, desafiantes y gratificantes, a través de la incorporación de mecánicas y dinámicas propias de los juegos.

Supongamos que eres un estudiante y una plataforma de aprendizaje en línea utiliza la gamificación para hacer que el estudio sea más interesante y motivador. En lugar de simplemente leer textos o ver videos, la plataforma presenta contenido en forma de desafíos, niveles, puntos, insignias o recompensas virtuales. A medida que avanzas en el programa de estudios, desbloqueas nuevas etapas, obtienes puntos por responder preguntas correctamente y ganas insignias por alcanzar metas específicas.

La gamificación puede hacer que el proceso de aprendizaje sea más entretenido y estimulante, al brindar elementos de competencia, logros y progresión. También puede fomentar la participación activa, ya que los estudiantes se sienten motivados a completar tareas y alcanzar objetivos para obtener recompensas virtuales.

Un ejemplo más común de gamificación en el marketing digital es el uso de programas de fidelidad. Imagina que te inscribes en un programa de recompensas de una tienda en línea. Cada vez que realizas una compra, acumulas puntos que luego puedes canjear por descuentos, productos gratuitos u otras recompensas. El programa te motiva a seguir comprando y a participar más activamente en la marca para obtener mayores beneficios.

La gamificación también se utiliza en aplicaciones de fitness, donde se establecen metas, se registran actividades físicas y se otorgan recompensas por alcanzar logros. Esto puede ayudar a las personas a mantenerse motivadas y comprometidas con su rutina de ejercicio.

GEOLOCALIZACIÓN

Se refiere al uso de la ubicación geográfica de los usuarios para enviar mensajes o mostrar contenido relevante. Esta estrategia aprovecha la información de ubicación proporcionada por dispositivos como teléfonos inteligentes o direcciones IP para adaptar las comunicaciones y las ofertas según la ubicación del usuario.

Podemos utilizar el ejemplo de una aplicación de entrega de alimentos a domicilio.

Imaginemos que tienes instalada una aplicación de entrega de alimentos en su teléfono inteligente. Esta aplicación utiliza la geolocalización para detectar tu ubicación exacta. Al abrir la aplicación, se muestra una lista de restaurantes cercanos a tu área y las opciones de menú disponibles para su entrega.

En este caso, la geolocalización permite que la aplicación identifique la ubicación y te muestre opciones de restaurantes y menús relevantes para tu área específica. Esto ahorra tiempo al mostrarte opciones de comida que están más cerca y disponibles para su entrega.

Además, la geolocalización también puede ser utilizada para enviar promociones o cupones especiales basados en la ubicación del estudiante. Por ejemplo, la aplicación podría enviar una notificación con un descuento exclusivo en un restaurante que se encuentra cerca de tu ubicación actual.

La geolocalización en marketing digital es una estrategia poderosa porque permite personalizar la experiencia del usuario y adaptar las ofertas según su ubicación. Esto puede aumentar la relevancia de los mensajes y promociones, lo que a su vez puede conducir a un mayor interés y participación por parte del usuario.

Es importante destacar que la geolocalización se utiliza de manera ética y respetando la privacidad de los usuarios. Los usuarios deben tener la opción de activar o desactivar la función de geolocalización y tener claridad sobre cómo se utiliza su información de ubicación.

GEOTARGETING

Es la estrategia de dirigir y personalizar los mensajes y anuncios hacia un público específico en función de su ubicación geográfica. Consiste en utilizar la información de la ubicación de los usuarios para ofrecerles contenido relevante y adaptado a su contexto local.

Imaginemos que tienes una pequeña tienda en línea donde vendes ropa y accesorios. Utilizando el geotargeting, puedes dirigir tus esfuerzos de marketing hacia usuarios que se encuentren en ubicaciones específicas que consideras estratégicas para tu negocio.

Por ejemplo, supongamos que identificas que la mayoría de tus clientes potenciales se encuentran en la ciudad donde vives. Puedes utilizar el geotargeting

para mostrar anuncios y promociones específicas de tu tienda a las personas que se encuentren dentro de esa ciudad. De esta manera, te aseguras de llegar a un público relevante y aumentar la probabilidad de que los usuarios se interesen por tu tienda y realicen una compra.

Además, el geotargeting también puede ser utilizado para adaptar el contenido y los mensajes a las características culturales, idioma o preferencias específicas de una región determinada. Por ejemplo, si vendes productos relacionados con festividades locales, como camisetas de un equipo de fútbol local, puedes utilizar el geotargeting para dirigirte a los fanáticos de ese equipo que se encuentren en la región.

El geotargeting se puede implementar a través de diferentes canales de marketing digital, como la publicidad en línea, el email marketing o las redes sociales. Por ejemplo, puedes crear campañas publicitarias en Facebook Ads que se muestren solo a usuarios en una ubicación geográfica específica.

El objetivo del geotargeting es maximizar la relevancia y

efectividad de tus mensajes y anuncios al llegar a un público específico que se encuentra en una ubicación geográfica determinada. Al adaptar tus estrategias de marketing a las características locales, puedes aumentar las probabilidades de captar la atención y generar interés en tu público objetivo.

GROWTH HACKING

Se refiere a una metodología y enfoque orientado a lograr un crecimiento rápido y sostenible en una empresa utilizando estrategias y tácticas innovadoras. El objetivo principal del Growth Hacking es impulsar el crecimiento de manera eficiente y escalable, aprovechando al máximo los recursos disponibles.

Pongamos el ejemplo que eres un estudiante universitario que ha lanzado una aplicación móvil para facilitar el intercambio de apuntes y materiales de estudio entre los estudiantes de tu universidad. Quieres lograr un crecimiento rápido y obtener una base de usuarios sólida para tu aplicación. En lugar de utilizar métodos tradicionales de marketing, como anuncios pagados, decides implementar el Growth Hacking.

En primer lugar, realizas investigaciones para identificar los canales de adquisición de usuarios más efectivos para tu mercado objetivo. Descubres que los estudiantes suelen usar mucho las redes sociales y grupos de discusión en línea. Utilizas estrategias de contenido viral para crear publicaciones y recursos atractivos relacionados con el estudio y los compartes en estos canales. De esta manera, generas interés y tráfico hacia tu aplicación.

Además, implementas tácticas de referidos, donde ofreces incentivos a los usuarios existentes para que inviten a sus amigos a unirse a la aplicación. Por ejemplo, podrías otorgar créditos adicionales o acceso exclusivo a funciones premium a aquellos usuarios que refieran con éxito a nuevos usuarios.

También aprovechas el poder del SEO (Search Engine Optimization) para asegurarte de que tu aplicación aparezca en los resultados de búsqueda relevantes cuando los estudiantes busquen palabras clave relacionadas con el intercambio de apuntes y materiales de estudio.

En resumen, el Growth Hacking en marketing digital se

trata de encontrar formas creativas y eficientes de lograr un crecimiento rápido y sostenible en una empresa utilizando estrategias innovadoras. Se basa en el uso de canales de adquisición efectivos, tácticas virales, referidos y optimización para motores de búsqueda. El objetivo es maximizar los resultados con recursos limitados y obtener un crecimiento exponencial en el menor tiempo posible.

HASHTAG

Es una palabra o frase precedida por el símbolo "#" (llamado gato, numeral o hashtag) que se utiliza para agrupar y categorizar contenido relacionado en las redes sociales. Los hashtags se utilizan para aumentar la visibilidad de las publicaciones y permitir que los usuarios encuentren contenido relevante sobre un tema específico.

Para explicar el concepto de hashtag, podemos usar el ejemplo de un estudiante que está interesado en seguir el tema de emprendimiento en las redes sociales.

Imaginemos que utilizas Instagram y Twitter para buscar contenido relacionado con emprendimiento. Al ingresar la palabra "emprendimiento" en la barra de búsqueda, se mostrarán publicaciones de diferentes

usuarios y empresas que utilizan el hashtag #emprendimiento en sus publicaciones.

Puedes hacer clic en el hashtag #emprendimiento para ver todas las publicaciones que se han etiquetado con ese hashtag. Esto le permitirá explorar contenido relacionado con emprendimiento, como consejos, historias de éxito, eventos y oportunidades de networking.

Además, puedes usar hashtags en sus propias publicaciones relacionadas con emprendimiento. Por ejemplo, si asistes a una conferencia sobre emprendimiento y tomas una foto, puedes etiquetarla con hashtags relevantes, como #conferenciaemprendimiento, #emprendedores o #startup, para que otros usuarios interesados en esos temas puedan encontrar su publicación.

Los hashtags son muy útiles en marketing digital porque permiten que las marcas y los usuarios organicen y encuentren contenido específico de manera más rápida y sencilla. También pueden ser utilizados en campañas promocionales o eventos para crear una comunidad en torno a un tema determinado.

Es importante tener en cuenta que los hashtags deben ser relevantes y coherentes con el contenido de la publicación. Además, es recomendable utilizar hashtags populares o tendencias para aumentar la visibilidad, pero también incluir hashtags más específicos para llegar a una audiencia más segmentada.

HEATMAP

Es una representación visual que muestra las áreas más y menos destacadas de una página web o una interfaz en función de la cantidad de interacción o atención que reciben de los usuarios. Se utiliza para analizar el comportamiento de los visitantes y comprender cómo interactúan con un sitio web o una aplicación.

Imaginemos que estás trabajando en el diseño de una página web para promocionar un evento estudiantil. Quieres asegurarte de que la información más importante y atractiva se destaque y sea fácilmente accesible para los visitantes. Aquí es donde entra en juego el Heatmap.

Al implementar un Heatmap en tu página web, podrás ver de manera visual qué partes de la página reciben más atención y cuáles son ignoradas. Las áreas con

mayor interacción, como clics, desplazamientos o tiempo de permanencia, aparecerán en colores más intensos o cálidos en el Heatmap, mientras que las áreas menos visitadas se mostrarán en colores más fríos.

Supongamos que después de analizar el Heatmap de tu página web, descubres que la sección con la información clave sobre el evento, como la fecha, ubicación y detalles destacados, no está recibiendo mucha atención. En cambio, los visitantes parecen estar más interesados en una sección de testimonios de estudiantes que ya han participado en eventos anteriores.

Utilizando esta información, podrías decidir reorganizar la página para destacar la información clave en una ubicación más visible y atractiva, o incluso ajustar el contenido de la sección de testimonios para que sea más relevante para tu público objetivo. Esto te ayudaría a optimizar la página y aumentar la probabilidad de que los visitantes tomen las acciones deseadas, como registrarse en el evento.

IN-APP ADVERTISING

Se refiere a la publicidad que se muestra dentro de aplicaciones móviles. Es una forma de promocionar productos, servicios o marcas a través de anuncios que aparecen mientras los usuarios utilizan una aplicación en sus dispositivos móviles.

Imaginemos que utilizas una aplicación de juegos en tu teléfono móvil. Mientras juegas, aparece un anuncio de una marca de ropa deportiva que ofrece descuentos en sus productos. Este anuncio es un ejemplo de In-App Advertising, ya que se muestra dentro de la aplicación móvil que estás utilizando.

El In-App Advertising es una estrategia de marketing efectiva debido a la gran cantidad de tiempo que las personas pasan en aplicaciones móviles. Al mostrar anuncios relevantes y personalizados dentro de las aplicaciones, las marcas pueden alcanzar a su público objetivo de manera directa y en un entorno donde los usuarios están altamente involucrados.

Existen diferentes formatos de In-App Advertising, como anuncios de banner estáticos o animados, anuncios de video intersticiales (que se muestran a pantalla completa entre transiciones de la aplicación), anuncios nativos (que se integran de manera fluida con el diseño de la aplicación) y anuncios de recompensa (que ofrecen incentivos a los usuarios a cambio de interactuar con el anuncio, como monedas virtuales o desbloqueo de contenido adicional).

Un ejemplo más específico sería una aplicación de fitness que muestra anuncios de marcas de suplementos nutricionales. Mientras los usuarios registran su actividad física o siguen rutinas de ejercicios en la aplicación, pueden ver anuncios relacionados con productos que complementan su estilo de vida saludable. Estos anuncios pueden incluir recomendaciones de productos, descuentos exclusivos o enlaces directos a la tienda en línea de la marca.

INBOUND MARKETING

Es una estrategia que se enfoca en atraer a los clientes potenciales de manera orgánica, mediante la creación de contenido relevante y valioso que resuelva sus necesidades e intereses. En lugar de utilizar métodos de marketing intrusivos, el inbound marketing busca generar confianza y establecer relaciones duraderas con los clientes.

Para explicar el inbound marketing, podemos utilizar el ejemplo de una empresa que vende productos de cuidado de la piel.

Estás interesado en aprender sobre rutinas de cuidado de la piel y busca información en Internet. Durante su búsqueda, encuentras un blog de la empresa de cuidado de la piel que ofrece artículos con consejos sobre cómo cuidar la piel, cómo elegir los productos adecuados y cómo solucionar problemas comunes relacionados con la piel.

Encuentras este contenido útil y comienza a seguir el blog y las redes sociales de la empresa. Con el tiempo, la empresa continúa proporcionando contenido valioso, como videos tutoriales, infografías y guías gratuitas sobre diferentes aspectos del cuidado de la piel.

A medida que consumes este contenido, comienzas a confiar en la empresa como una fuente confiable de información sobre cuidado de la piel. En algún momento, la empresa te ofrece la opción de suscribirse a su boletín informativo para recibir actualizaciones regulares y ofertas exclusivas.

El inbound marketing se hace efectivo cuando, ya convertido en cliente potencial, toma la iniciativa de contactar a la empresa para obtener más información o realizar una compra. Esto se debe a que la empresa ha logrado establecer una relación de confianza y proporcionar valor antes de realizar cualquier venta directa.

En este ejemplo, el inbound marketing se basa en la creación y distribución de contenido valioso y relevante que atrae a los clientes potenciales de forma natural.

A medida que consumes este contenido, se establece una relación sólida y se aumenta la probabilidad de que te conviertas en cliente.

Las principales herramientas utilizadas en el inbound marketing incluyen blogs, redes sociales, contenido descargable, correo electrónico y SEO (optimización de motores de búsqueda) para aumentar la visibilidad y atraer a la audiencia adecuada.

INFLUENCER

Es una persona que tiene una gran presencia y credibilidad en las redes sociales y que tiene la capacidad de influir en las opiniones, decisiones y comportamientos de su audiencia. Los influencers suelen tener un seguimiento considerable de seguidores y se especializan en un nicho específico, como moda, belleza, fitness, viajes o tecnología.

Pondremos como ejemplo que sigues a un influencer de moda en Instagram. Este influencer comparte regularmente fotos de sus outfits, consejos de estilo, reseñas de productos y participa en colaboraciones con marcas de moda reconocidas.

El influencer tiene miles de seguidores y su contenido es muy popular entre los entusiastas de la moda. Cuando el influencer recomienda un producto o muestra cómo combinar diferentes prendas de moda, sus seguidores lo toman en cuenta y pueden verse influenciados para comprar esos productos o adoptar esos estilos.

Por ejemplo, el influencer podría publicar una foto usando un nuevo par de zapatos de una marca en particular y mencionar lo cómodos y elegantes que

son. Muchos de sus seguidores pueden estar interesados en esos zapatos y, al ver la recomendación del influencer, pueden decidir comprarlos.

Los influencers son efectivos en marketing digital porque tienen la capacidad de generar confianza y autenticidad entre su audiencia. Sus seguidores los consideran expertos en su campo y confían en sus recomendaciones y opiniones. Además, los influencers suelen ser personas atractivas y carismáticas, lo que los hace atractivos para las marcas que buscan promocionar sus productos o servicios.

Es importante destacar que la colaboración con influencers debe ser auténtica y relevante para tener un impacto positivo. Los influencers deben tener una afinidad con la marca y los productos que promocionan, de modo que su recomendación sea genuina y resuene con su audiencia.

INFLUENCER MARKETING HUB

En marketing digital se refiere a una plataforma o herramienta que facilita la gestión y el análisis de campañas de marketing con influencers. Proporciona recursos y funcionalidades para conectar con influencers, colaborar con ellos en la promoción de productos o servicios, y medir el impacto de estas colaboraciones.

Imaginemos que trabajas para una empresa de ropa deportiva. Tu objetivo es aumentar la visibilidad de la marca y llegar a un público más amplio a través de influencers que tienen seguidores interesados en el estilo de vida activo y el fitness.

En este caso, podrías utilizar un Influencer Marketing Hub para buscar y filtrar influencers relevantes en el ámbito del deporte y el fitness. La plataforma te proporcionaría datos sobre la audiencia de cada influencer, su alcance en las redes sociales y su nivel de compromiso con sus seguidores. Además, te ayudaría a establecer comunicación y acordar colaboraciones con los influencers seleccionados.

Supongamos que identificas a un influencer con un gran número de seguidores que se alinea perfectamente con los valores y la imagen de tu marca de ropa deportiva. A través del Influencer Marketing Hub, podrías negociar los términos de la colaboración, como la creación de contenido patrocinado en sus redes sociales, la participación en eventos de la marca o la promoción de productos en su blog.

Una vez que la colaboración esté en marcha, el Influencer Marketing Hub te proporcionaría datos y análisis para evaluar el rendimiento de la campaña. Podrías medir el alcance de las publicaciones del influencer, la interacción generada por los seguidores y el impacto en el tráfico del sitio web o las ventas de la marca.

INTELIGENCIA ARTIFICAL - IA

La Inteligencia Artificial (IA) en el marketing digital se refiere a la aplicación de tecnologías inteligentes para mejorar y optimizar las estrategias de marketing en línea. Utilizando algoritmos y modelos de aprendizaje automático, la IA puede analizar grandes volúmenes de datos, identificar patrones y tendencias, y tomar decisiones basadas en la información recopilada. Esto permite a los profesionales del marketing obtener insights valiosos y tomar decisiones más informadas para impulsar el éxito de sus campañas.

Aquí tienes un ejemplo para explicar cómo funciona la IA en el marketing digital:

Imaginemos que tienes una tienda en línea que vende accesorios tecnológicos de moda. Para promocionar tus productos, decides ejecutar una campaña de publicidad en redes sociales. Utilizando la Inteligencia Artificial en el marketing digital, puedes llevar a cabo lo siguiente:

Segmentación de audiencia: La IA puede analizar los datos demográficos, intereses y comportamiento de los usuarios en las redes sociales para identificar los segmentos de audiencia más relevantes para tus productos. Por ejemplo, podría ayudarte a identificar a jóvenes adultos interesados en tecnología actual.

Personalización de mensajes: Con la IA, puedes crear anuncios personalizados para cada segmento de audiencia. La IA puede generar automáticamente mensajes, imágenes o videos que se ajusten a los intereses y preferencias de cada grupo específico. Por ejemplo, si la IA determina que un segmento de audiencia está interesado en audífonos inalámbricos, podría generar anuncios que muestren productos relacionados con este.

Optimización de presupuesto y pujas: La IA puede analizar en tiempo real el rendimiento de tus anuncios y ajustar automáticamente tus pujas para maximizar el retorno de la inversión. Si un anuncio está obteniendo buenos resultados, la IA puede aumentar la inversión en ese anuncio específico. Por el contrario, si un anuncio no está funcionando bien, la IA puede reducir la inversión o incluso detenerlo por completo.

Recomendaciones de productos: Al utilizar técnicas de IA, puedes ofrecer recomendaciones personalizadas a tus clientes, basadas en su historial de compras, navegación en el sitio web y comportamiento en las redes sociales. Esto puede aumentar la relevancia de tus recomendaciones y fomentar la satisfacción del cliente, lo que puede generar más ventas y fidelización.

La Inteligencia Artificial en el marketing digital ayuda a optimizar y mejorar las estrategias de marketing en línea al analizar datos, personalizar mensajes, optimizar presupuestos y brindar recomendaciones relevantes a los clientes. Al aprovechar estas capacidades, los profesionales del marketing pueden lograr mejores resultados en sus campañas y aumentar la efectividad de sus estrategias promocionales.

KEYPHRASE

Se refiere a una frase o conjunto de palabras clave que representan el tema principal de un contenido o la intención de búsqueda de los usuarios. Estas frases clave son utilizadas para optimizar el contenido y mejorar su visibilidad en los motores de búsqueda.

Podemos poner como ejemplo que eres un psicólogo y estás escribiendo un artículo sobre los beneficios de la meditación. Al investigar sobre el tema, identificas que las palabras clave relevantes podrían ser "beneficios de la meditación", "meditación para reducir el estrés" y "técnicas de meditación". Estas frases clave son los keyphrases que te ayudarán a optimizar el contenido y mejorar su posicionamiento en los resultados de búsqueda.

El uso de keyphrases es importante en el marketing digital porque los motores de búsqueda, como Google, utilizan algoritmos para indexar y clasificar el contenido en función de su relevancia para las consultas de los usuarios. Al incluir keyphrases relevantes en el contenido, las páginas web tienen más posibilidades de aparecer en los primeros resultados de búsqueda cuando los usuarios buscan información relacionada.

En el ejemplo anterior, si optimizas tu artículo utilizando las keyphrases "beneficios de la meditación", "meditación para reducir el estrés" y "técnicas de meditación", es más probable que tu artículo aparezca en los primeros resultados cuando alguien busque información sobre esos temas.

Para utilizar keyphrases de manera efectiva, es importante investigar las palabras clave más relevantes para el contenido que se va a crear. Esto implica comprender las consultas y necesidades de los usuarios, así como analizar la competencia y las tendencias de búsqueda. Una vez identificadas las keyphrases, se pueden incluir de manera natural en el título, encabezados, contenido y metadatos de la página para optimizarla para los motores de búsqueda.

KEYWORDS (PALABRAS CLAVE)

Son términos o frases específicas que los usuarios utilizan para realizar búsquedas en motores de búsqueda como Google. Estas palabras clave son fundamentales para optimizar el contenido y las estrategias de marketing digital, ya que ayudan a las empresas a aparecer en los resultados de búsqueda relevantes y atraer tráfico cualificado a sus sitios web.

Para explicar el concepto de keywords, podemos utilizar el ejemplo de un estudiante que busca información sobre "mejores programas de diseño gráfico".

Cuando el estudiante ingresa esa frase específica en un motor de búsqueda, como Google, las palabras clave principales son "mejores", "programas", "diseño gráfico". Estas palabras clave son relevantes para la búsqueda del estudiante y determinarán qué resultados aparecerán en los primeros lugares de la página de resultados.

Las empresas que ofrecen programas de diseño gráfico pueden optimizar su contenido y sus estrategias de marketing utilizando estas palabras clave en su sitio web. Por ejemplo, pueden crear una página de destino específica sobre "Los mejores programas de diseño gráfico" donde proporcionen información detallada sobre diferentes programas, comparativas, opiniones de usuarios, etc. Al incluir estas palabras clave de manera relevante y natural en su contenido, aumentarán las posibilidades de aparecer en los primeros resultados de búsqueda cuando los estudiantes busquen esa información.

Las keywords son esenciales en el SEO (Search Engine Optimization) y en la estrategia de marketing de contenidos. Ayudan a las empresas a dirigirse a su audiencia objetivo, atraer tráfico cualificado y aumentar la visibilidad de su sitio web en los motores de búsqueda.

Es importante tener en cuenta que las palabras clave deben seleccionarse cuidadosamente, basándose en la intención de búsqueda del usuario y en la relevancia para el negocio. Además, se deben realizar análisis periódicos para identificar nuevas oportunidades de palabras clave y evaluar el rendimiento de las ya existentes.

KPI (KEY PERFORMANCE INDICATOR)

Es una métrica clave que se utiliza para medir el rendimiento y el éxito de una estrategia o campaña de marketing. Estas métricas proporcionan información cuantitativa sobre los objetivos establecidos y permiten evaluar el desempeño en relación con esos objetivos.

Imaginemos que trabajas en el departamento de marketing de una empresa de comercio electrónico. Tu objetivo es aumentar las ventas en línea de la empresa. En este caso, podrías utilizar el KPI de "tasa de conversión" para medir el éxito de tu estrategia.

La tasa de conversión se refiere al porcentaje de visitantes del sitio web que realizan una acción deseada, como hacer una compra. Por ejemplo, si 100 personas visitan tu sitio web y 10 de ellas realizan una compra, la tasa de conversión sería del 10%.

Utilizando herramientas de análisis web, como Google Analytics, podrías rastrear el número de visitantes y el número de conversiones para calcular la tasa de conversión. Esta métrica te daría una idea clara de cuántos visitantes se están convirtiendo en clientes reales, lo cual es un indicador clave de éxito en términos de generación de ventas.

Además de la tasa de conversión, existen otros KPIs comunes en marketing digital, como el retorno de la inversión (ROI), el costo por adquisición (CPA), el alcance de las redes sociales, el engagement en las publicaciones, entre otros. Cada uno de estos KPIs se enfoca en medir aspectos específicos del rendimiento y la efectividad de una estrategia de marketing.

LANDING PAGE

Es una página web diseñada específicamente para captar la atención de los visitantes y guiarlos hacia una acción específica, como realizar una compra, suscribirse a una lista de correo electrónico o descargar un recurso. Su objetivo principal es convertir a los visitantes en leads o clientes potenciales.

Para explicar el concepto de landing page, podemos usar el ejemplo de un estudiante universitario interesado en participar en un seminario web sobre emprendimiento.

El estudiante encuentra un anuncio en redes sociales que promociona un seminario web gratuito sobre cómo iniciar un negocio exitoso. Al hacer clic en el anuncio, es redirigido a una landing page.

La landing page está diseñada de manera atractiva y contiene información relevante sobre el seminario web, incluyendo los temas a tratar, los beneficios de asistir y los testimonios de otros estudiantes que han participado en eventos similares. Además, se destaca el formulario de registro en el que el estudiante debe proporcionar su nombre y dirección de correo electrónico para confirmar su asistencia.

La landing page tiene un enfoque claro y persuasivo, con un único objetivo: que el estudiante se registre para el seminario web. Al ofrecer información valiosa y destacar los beneficios de participar, se busca generar interés y motivar al estudiante a tomar la acción deseada.

Una vez que el estudiante completa el formulario de registro, se considera un lead y se le enviará información adicional sobre el seminario web, recordatorios y posiblemente ofertas relacionadas en el futuro.

Es importante que las landing pages sean claras, concisas y estén diseñadas para captar la atención del visitante. Deben presentar información relevante de manera persuasiva y facilitar la conversión al guiar al usuario hacia la acción deseada.

Las landing pages son una herramienta efectiva en el marketing digital, ya que permiten a las empresas captar leads calificados y generar conversiones. Al enfocarse en un objetivo específico y proporcionar una experiencia personalizada, las landing pages ayudan a aumentar las tasas de conversión y a maximizar el retorno de la inversión en las campañas de marketing.

LEAD GENERATION / LA GENERACIÓN DE LEADS

Se refiere al proceso de captar y obtener información de contacto de personas interesadas en los productos o servicios de una empresa. Estos leads son clientes potenciales que han mostrado interés en lo que la empresa ofrece y tienen el potencial de convertirse en clientes reales en el futuro.

Utilizaremos el ejemplo de una empresa de productos de belleza que ofrece una guía gratuita sobre cuidado de la piel.

Imaginemos que estás interesado en mejorar tu rutina de cuidado de la piel y encuentras un anuncio en línea que promociona una guía gratuita con consejos y recomendaciones sobre el tema. Al hacer clic en el anuncio, eres redirigido a una página donde se te pide que ingreses tu nombre y dirección de correo electrónico para recibir las guías por correo electrónico.

Al proporcionar esta información, te conviertes en un lead para la empresa. La empresa ahora tiene la posibilidad de enviarte correos electrónicos adicionales con contenido relevante sobre productos de belleza, promociones, consejos adicionales y recomendaciones de productos relacionados.

El objetivo de la generación de leads es establecer una relación con los usuarios interesados y nutrirlos con información y contenido relevante a lo largo del tiempo. A medida que los leads interactúan con los correos electrónicos y el contenido de la empresa, la empresa tiene la oportunidad de convertirlos en clientes reales a través de estrategias adicionales, como descuentos exclusivos, pruebas gratuitas de productos o invitaciones a eventos especiales.

La generación de leads es una parte esencial del marketing digital, ya que permite a las empresas identificar y dirigirse a personas interesadas en lo que ofrecen. Al ofrecer contenido valioso y relevante a cambio de la información de contacto, las empresas pueden construir una base de datos de leads calificados y establecer relaciones a largo plazo con potenciales clientes.

LINK BUILDING

Es una estrategia enfocada en obtener enlaces de calidad de otros sitios web hacia tu propio sitio web. Estos enlaces, también conocidos como backlinks, son importantes para mejorar la visibilidad y la autoridad de tu sitio web en los motores de búsqueda.

Para explicar el concepto de link building, podemos utilizar el ejemplo de un estudiante que ha escrito un artículo de investigación sobre el cambio climático y quiere que su artículo sea reconocido y compartido por otros expertos en el campo.

El estudiante busca en línea otros sitios web o blogs relacionados con el cambio climático y encuentra un blog muy influyente que publica artículos de investigación sobre el tema. El estudiante decide contactar al autor del blog y compartir su artículo de investigación. Si el autor considera que el artículo del estudiante es relevante y de calidad, puede decidir incluir un enlace hacia ese artículo en su propio blog.

Cuando el enlace hacia el artículo del estudiante se publica en el blog influyente, esto no solo proporciona visibilidad adicional a su trabajo, sino que también

aumenta la credibilidad y la autoridad de su propio sitio web. Los motores de búsqueda, como Google, consideran los enlaces de otros sitios web como una señal de confianza y relevancia, lo que puede mejorar la posición del sitio web del estudiante en los resultados de búsqueda relacionados con el cambio climático.

Es importante destacar que el link building se centra en obtener enlaces de calidad, es decir, enlaces de sitios web relevantes y confiables en tu nicho o industria. Los enlaces de baja calidad o de sitios web no confiables pueden tener un impacto negativo en la reputación de tu sitio web y su posicionamiento en los motores de búsqueda.

El link building es una estrategia continua y requiere esfuerzo y tiempo para establecer relaciones con otros sitios web, crear contenido de calidad que sea enlazable y promover tu sitio web a través de diversas tácticas, como relaciones públicas digitales, colaboraciones, contenido de invitado, entre otros.

LONG TAIL KEYWORDS

En marketing digital son frases clave más específicas y detalladas que se utilizan para apuntar a un público objetivo más específico. A diferencia de las palabras clave generales, que suelen ser más cortas y competitivas, las Long Tail Keywords son más largas y específicas, lo que las hace menos competitivas, pero más relevantes para ciertos usuarios.

Pongamos como ejemplo que estás interesado en comprar un libro de texto para tu próximo semestre. Si realizas una búsqueda genérica como "libro de texto", obtendrás una amplia variedad de resultados, que pueden no ser exactamente lo que estás buscando. Sin embargo, si utilizas una Long Tail Keyword más específica como "libro de texto de biología para primer año de universidad", obtendrás resultados más precisos y relevantes para tus necesidades.

El uso de Long Tail Keywords en el marketing digital es importante porque permite a los especialistas en marketing dirigirse a audiencias más específicas y segmentadas. Al apuntar a frases clave más detalladas y específicas, es más probable que los usuarios que buscan información o productos relacionados encuentren el contenido o producto adecuado. Además, las Long Tail Keywords suelen tener una competencia más baja, lo que significa que hay más oportunidades para que un sitio web o contenido aparezca en los primeros resultados de búsqueda.

Siguiendo con el ejemplo anterior, si una librería en línea optimiza su página de producto con la Long Tail Keyword "libro de texto de biología para primer año de universidad", es más probable que aparezca en los primeros resultados cuando los estudiantes busquen ese tipo de libro específico. Esto aumenta las posibilidades de atraer a estudiantes interesados en ese tema y aumentar las conversiones.

Es importante realizar una investigación de palabras clave para identificar las Long Tail Keywords relevantes para un negocio o contenido específico. Herramientas de palabras clave como el Planificador de Palabras Clave de Google pueden ayudar a descubrir frases clave de cola larga con un volumen de búsqueda adecuado y baja competencia.

MACHINE LEARNING

Es una rama de la inteligencia artificial que utiliza algoritmos y modelos estadísticos para permitir que las computadoras aprendan y realicen tareas sin ser programadas explícitamente. En el contexto del marketing digital, el Machine Learning se utiliza para analizar grandes cantidades de datos y extraer información relevante que ayuda a tomar decisiones más efectivas y personalizadas.

Imaginemos que trabajas en el departamento de marketing de una tienda en línea. Tu objetivo es mejorar la segmentación de tus clientes y enviarles ofertas personalizadas. Aquí es donde entra en juego el Machine Learning.

Utilizando algoritmos de Machine Learning, puedes analizar los datos de tus clientes, como su historial de compras, preferencias de productos, comportamiento en el sitio web y datos demográficos. Estos algoritmos pueden identificar patrones y relaciones en los datos que podrían no ser evidentes a simple vista. Por ejemplo, podrían descubrir que los clientes que compraron ciertos productos también tienen una alta probabilidad de estar interesados en otros productos relacionados.

Con esta información, puedes crear segmentos de clientes más precisos y enviarles ofertas personalizadas basadas en sus intereses y comportamiento de compra. Por ejemplo, si un cliente ha comprado productos de cuidado de la piel, puedes enviarle recomendaciones de productos similares o promociones especiales en esa categoría. Esto no solo mejora la experiencia del cliente, sino que también aumenta las posibilidades de conversión y

fidelización.

El Machine Learning en marketing digital permite aprovechar el poder de los datos para tomar decisiones más informadas y ofrecer experiencias más relevantes a los clientes. Al utilizar algoritmos y modelos de Machine Learning, puedes automatizar procesos, identificar patrones ocultos y personalizar las interacciones con tus clientes de manera más efectiva.

MARKETING AUTOMATION

Es el uso de software y herramientas tecnológicas para automatizar y optimizar tareas y procesos de marketing. Estas herramientas permiten a los profesionales del marketing crear, gestionar y automatizar campañas de marketing de manera más eficiente, ahorrando tiempo y recursos.

Pondremos como ejemplo que trabajas en el departamento de marketing de una empresa de comercio electrónico. Tu objetivo es enviar correos electrónicos personalizados a los clientes que abandonaron su carrito de compras sin finalizar la transacción. Aquí es donde entra en juego el Marketing Automation.

Utilizando una herramienta de Marketing Automation, puedes configurar una secuencia de correos electrónicos automatizados que se activan cuando un cliente abandona su carrito de compras. Estos correos electrónicos pueden incluir recordatorios amigables, descuentos especiales u otras ofertas para incentivar al cliente a completar su compra. En lugar de enviar estos correos electrónicos manualmente uno por uno, el Marketing Automation se encarga de enviarlos automáticamente basándose en las acciones y comportamientos del cliente.

Además del seguimiento de carritos abandonados, el Marketing Automation también puede ayudarte a automatizar otras tareas de marketing, como el envío de mensajes de bienvenida a nuevos suscriptores, segmentar y nutrir leads a lo largo del ciclo de compra, programar publicaciones en redes sociales, entre otras.

El Marketing Automation te permite ahorrar tiempo y recursos al automatizar tareas repetitivas y enfocarte en actividades estratégicas de marketing. Además, al utilizar la automatización, puedes personalizar y segmentar tus mensajes de manera más efectiva, lo que mejora la relevancia y la experiencia del cliente.

MARKETING DE CONTENIDOS

En marketing digital es una estrategia que se centra en crear y compartir contenido relevante, valioso y de calidad para atraer, educar y retener a una audiencia específica. El objetivo es generar interés en los productos o servicios de una empresa sin una promoción directa y establecer una relación sólida con los usuarios.

Para explicar el concepto, usaremos el ejemplo de una empresa que vende productos de estilo de vida saludable, como suplementos nutricionales y equipos de ejercicio.

Supongamos que estás interesado en llevar un estilo de vida más saludable y buscas en línea información sobre cómo mejorar tu alimentación y rutina de ejercicios. Durante tu búsqueda, encuentras un blog de una empresa de estilo de vida saludable que ofrece una variedad de artículos y videos sobre nutrición, recetas saludables, rutinas de ejercicios y consejos para mantener una vida activa.

Encuentras contenido valioso y relevante en el blog de la empresa, que te ayuda a entender los beneficios de una alimentación equilibrada y a descubrir nuevas

recetas saludables. Además, aprendes sobre diferentes ejercicios que puedes realizar en casa para mantenerte en forma. El contenido no solo te proporciona información útil, sino que también establece una conexión con la empresa, generando confianza y lealtad hacia tu marca.

A medida que sigues consumiendo el contenido del blog, la empresa tiene la oportunidad de ofrecerte otros recursos gratuitos, como guías de alimentación, videos de entrenamiento exclusivos o incluso descuentos en sus productos. El objetivo es convertirte en un cliente satisfecho y leal a largo plazo.

El marketing de contenidos se basa en comprender las necesidades y los intereses de la audiencia objetivo y ofrecerles contenido valioso que les brinde soluciones o respuestas a sus preguntas. Al proporcionar información relevante y útil de forma regular, la empresa puede establecerse como una autoridad en su industria y generar un seguimiento fiel.

Es importante tener en cuenta que el marketing de contenidos no se trata solo de crear contenido, sino también de distribuirlo adecuadamente a través de diferentes canales, como redes sociales, boletines informativos por correo electrónico o colaboraciones con otros blogs y sitios web relevantes.

MARKETING DE PERMISO

En marketing digital es una estrategia que se enfoca en obtener el consentimiento de los usuarios para enviarles mensajes de marketing. Se basa en la idea de que los usuarios deben otorgar permiso voluntario y consciente para recibir comunicaciones promocionales, en lugar de recibir mensajes no deseados o intrusivos.

Imaginemos que estas interesado en la música y te suscribes a la lista de correo electrónico de una compañía discográfica. Al hacerlo, estás otorgando permiso a la compañía para enviar correos electrónicos promocionales sobre nuevos lanzamientos, conciertos o eventos relacionados con la música.

La compañía discográfica utiliza ese permiso de manera responsable y envía correos electrónicos regulares con información relevante y valiosa para ti como interesado en la música. Por ejemplo, te envían noticias sobre artistas emergentes, reseñas de

álbumes, descuentos exclusivos en entradas para conciertos y acceso anticipado a contenido musical.

El marketing de permiso se diferencia de otras formas de marketing en que se basa en la relación de confianza y la voluntad del usuario de recibir información promocional. Al otorgar tu permiso, tienes un mayor grado de control sobre los mensajes que recibes y estás más inclinado a prestar atención a las comunicaciones de la compañía discográfica, ya que son relevantes y solicitadas.

El marketing de permiso también puede aplicarse en otras formas de comunicación, como mensajes de texto, notificaciones push en aplicaciones móviles o suscripciones a blogs. La clave es obtener el consentimiento explícito de los usuarios y brindarles contenido de valor que se ajuste a sus intereses y preferencias.

META DESCRIPTION

Es un elemento importante en la optimización de motores de búsqueda (SEO) que se utiliza para describir el contenido de una página web de manera concisa. Es una breve descripción que aparece en los resultados de búsqueda de Google u otros motores de búsqueda, justo debajo del título del enlace.

Pongamos como ejemplo que eres un apasionado de los viajes y estás realizando una investigación sobre turismo sostenible. Decides buscar información en Google y escribes "turismo sostenible" en el motor de búsqueda. Aparecen varios resultados en la página de resultados de búsqueda, cada uno con un título y una breve descripción.

El meta description es esa breve descripción que aparece a continuación del título en los resultados de búsqueda. Su objetivo es captar la atención del usuario y ofrecer una idea clara y relevante del contenido de la página. Por ejemplo, un meta description efectivo para una página sobre turismo sostenible podría ser: "Descubre cómo el turismo sostenible promueve la conservación del medio ambiente y el bienestar de las comunidades locales. Obtén consejos prácticos y ejemplos de destinos sostenibles en nuestro sitio web".

El meta description se utiliza para atraer a los usuarios a hacer clic en un enlace específico, ya que les brinda una idea de lo que encontrarán en esa página en particular. Es importante que sea informativo, conciso y atractivo, ya que juega un papel importante en la decisión del usuario de visitar o no un sitio web en función de la relevancia de su contenido.

Es esencial destacar que el meta description no influye directamente en el ranking de un sitio web en los resultados de búsqueda, pero puede influir en la tasa de clics (CTR). Un meta description bien redactado y atractivo puede aumentar la probabilidad de que los usuarios hagan clic en el enlace de tu página en lugar de otros resultados.

<u>MICROINFLUENCERS</u>

Son personas que tienen una cantidad moderada de seguidores en las redes sociales, generalmente entre 1,000 y 100,000 seguidores. A diferencia de los macroinfluencers que tienen una gran cantidad de seguidores, los microinfluencers tienen una audiencia más pequeña pero altamente comprometida y nicho específico.

Imaginemos que eres un aficionado e interesado en la fotografía y sigues a un microinfluencer de fotografía en Instagram. Este microinfluencer comparte regularmente contenido relacionado con técnicas de fotografía, equipos recomendados y consejos prácticos

para mejorar tus habilidades fotográficas.

Aunque este microinfluencer no tiene millones de seguidores, su audiencia está compuesta por personas que comparten tu pasión por la fotografía y valoran sus recomendaciones y consejos. Sus seguidores son más propensos a interactuar y participar en sus publicaciones, lo que crea un sentido de comunidad y conexión más cercana.

Un día, el microinfluencer comparte una publicación promocionando una marca de cámaras que ha sido su favorita durante mucho tiempo. Explica cómo ha utilizado esa cámara para capturar fotos increíbles y destaca sus características y beneficios. Además, ofrece a sus seguidores un código de descuento exclusivo para comprar esa cámara en línea.

Como apasionado por la fotografía y seguidor del microinfluencer, te sientes atraído por su recomendación y consideras comprar esa cámara utilizando el código de descuento que proporciona.

En este ejemplo, el microinfluencer tiene una

audiencia más pequeña pero altamente comprometida y relevante para el tema de la fotografía. Su influencia y credibilidad entre sus seguidores llevan a que los estudiantes universitarios interesados en fotografía consideren sus recomendaciones y se sientan más inclinados a realizar una compra basada en su influencia.

El marketing con microinfluencers se ha vuelto popular porque permite a las marcas llegar a audiencias específicas y altamente comprometidas en lugar de buscar una amplia exposición. Los microinfluencers a menudo tienen una conexión más auténtica y personal con sus seguidores, lo que puede generar un mayor nivel de confianza y lealtad hacia las marcas que promocionan.

Es importante destacar que la elección adecuada del microinfluencer es esencial para asegurar la relevancia y la alineación con los valores y objetivos de la marca. Las marcas deben considerar el contenido que el microinfluencer publica regularmente y cómo se relaciona con su público objetivo antes de establecer una colaboración.

MICRO-MOMENT

Se refiere a un instante en el que los consumidores recurren a sus dispositivos móviles para buscar información, tomar decisiones o realizar acciones específicas. Estos momentos son breves pero críticos, y representan oportunidades para que las marcas se conecten con los usuarios de manera relevante y significativa.

Para explicar este concepto imaginemos que necesitas comprar un nuevo portátil para tus estudios. En un Micro-Moment, sacas tu teléfono móvil y comienzas a buscar información sobre las mejores opciones de portátiles en términos de rendimiento, precio y durabilidad. Durante este breve instante, estás en un Micro-Moment de búsqueda y toma de decisiones.

Las marcas pueden aprovechar los Micro-Moments para interactuar con los usuarios y ofrecerles información útil y relevante. Por ejemplo, una empresa de tecnología podría tener anuncios en los resultados de búsqueda relacionados con las mejores opciones de portátiles para estudiantes universitarios. También podrían ofrecer contenido educativo, como guías de compra o comparativas, para ayudarte a tomar una decisión informada.

Otro ejemplo de Micro-Moment podría ser cuando estás en un descanso entre clases y buscas una aplicación móvil para mejorar tus habilidades de estudio. En ese momento, estás en un Micro-Moment de descubrimiento de aplicaciones. Las marcas pueden utilizar estrategias de marketing, como anuncios o contenido promocional, para captar tu atención y mostrarte aplicaciones útiles para el estudio.

Es importante destacar que los Micro-Moments están impulsados por la necesidad instantánea de información y acción. Los usuarios esperan respuestas rápidas y soluciones inmediatas a sus necesidades en estos momentos. Por lo tanto, las marcas deben asegurarse de tener una presencia sólida en los canales digitales relevantes, como motores de búsqueda, redes sociales y aplicaciones móviles, para poder conectar con los usuarios en estos momentos críticos.

MOBILE MARKETING

Son estrategias y técnicas utilizadas para promocionar productos o servicios a través de dispositivos móviles, como teléfonos inteligentes y tabletas. Considerando que la mayoría de las personas utilizan sus dispositivos móviles para acceder a internet y realizar actividades en línea, el mobile marketing se ha vuelto fundamental en el panorama digital.

Imaginemos que eres un estudiante universitario y estás buscando una nueva computadora portátil para tus estudios. Mientras navegas por Instagram en tu teléfono móvil, te encuentras con un anuncio de una conocida marca de computadoras portátiles. El anuncio muestra las últimas características y beneficios de sus productos, y ofrece un descuento especial para estudiantes que compren a través de su sitio web móvil.

En este ejemplo, el mobile marketing está presente en varios aspectos:

Publicidad móvil: El anuncio de la marca de computadoras portátiles aparece mientras navegas por Instagram en tu dispositivo móvil. Las empresas utilizan anuncios móviles para llegar a los usuarios directamente en sus dispositivos móviles y captar su atención mientras utilizan aplicaciones o navegan por la web.

Sitio web móvil: La marca ofrece un descuento especial para estudiantes que compren a través de su sitio web móvil. Esto significa que el sitio web está optimizado para dispositivos móviles, lo que permite una navegación fácil y una experiencia de compra conveniente para los usuarios que acceden a través de sus teléfonos móviles.

Segmentación y personalización: La marca ha identificado a estudiantes universitarios como su público objetivo y ha adaptado su mensaje y oferta para atraerlos. El mobile marketing permite una segmentación más precisa y la entrega de mensajes personalizados basados en la información demográfica y los comportamientos de los usuarios móviles.

El mobile marketing es importante porque los dispositivos móviles se han convertido en una parte integral de la vida cotidiana de las personas, y las empresas deben adaptarse a esta realidad para llegar a su público objetivo de manera efectiva. Permite a las marcas llegar a los usuarios en el momento adecuado y en el lugar adecuado, aprovechando las capacidades de los dispositivos móviles, como la ubicación geográfica, las notificaciones push y la interactividad táctil.

MOBILE OPTIMIZATION

Se refiere a adaptar y optimizar una página web, contenido o experiencia de usuario para que sean visualmente atractivos, fáciles de usar y funcionales en dispositivos móviles, como teléfonos inteligentes y tabletas.

Imaginemos que buscas información sobre una conferencia académica en tu teléfono móvil. Accedes al sitio web de la conferencia y te encuentras con una versión de la página que no se ajusta correctamente a la pantalla de tu dispositivo, con texto pequeño e imágenes desproporcionadas. Además, los botones de navegación son difíciles de seleccionar y navegar por el contenido se vuelve complicado.

En este caso, el sitio web no está optimizado para dispositivos móviles y eso dificulta tu experiencia como usuario. Ahora, imagina que accedes al mismo sitio web desde tu computadora portátil y te encuentras con una versión completamente diferente, diseñada específicamente para pantallas más grandes. El texto es legible, las imágenes se ajustan correctamente y la navegación es sencilla y fluida.

La optimización móvil implica ajustar el diseño, la

estructura y el contenido de una página web para asegurarse de que se vea y funcione correctamente en dispositivos móviles. Esto implica elementos como:

Diseño receptivo: El diseño de la página se adapta automáticamente a diferentes tamaños de pantalla, brindando una experiencia visualmente atractiva en cualquier dispositivo.

Tamaño adecuado del texto e imágenes: El texto y las imágenes se ajustan para que sean legibles y se vean bien en pantallas más pequeñas.

Navegación táctil: Los botones y enlaces son lo suficientemente grandes y espaciados para facilitar su selección táctil con los dedos.

Velocidad de carga optimizada: Las páginas web optimizadas para dispositivos móviles se cargan rápidamente, teniendo en cuenta las limitaciones de velocidad de conexión de los dispositivos móviles.

Contenido relevante y prioritario: Se destaca el

contenido más importante y relevante para los usuarios móviles, evitando la carga excesiva de información y optimizando la experiencia de desplazamiento.

La importancia de la optimización móvil radica en el creciente uso de dispositivos móviles para acceder a Internet. Cada vez más personas utilizan sus teléfonos inteligentes para realizar búsquedas, navegar por sitios web y realizar compras en línea. Si una página web no está optimizada para dispositivos móviles, los usuarios pueden tener dificultades para acceder al contenido, lo que lleva a una mala experiencia y una alta tasa de rebote.

Un ejemplo concreto de mobile optimization sería una tienda en línea que adapta su sitio web para dispositivos móviles. Esto implica un diseño receptivo que se ajuste automáticamente al tamaño de la pantalla del dispositivo móvil, botones y enlaces táctiles que sean fáciles de seleccionar con los dedos, imágenes optimizadas para una carga rápida y una navegación intuitiva en dispositivos móviles. Al optimizar su sitio web para dispositivos móviles, la tienda brinda una experiencia fluida y agradable a los usuarios que acceden desde sus teléfonos, lo que aumenta la probabilidad de que realicen una compra.

NATIVE ADVERTISING O PUBLICIDAD NATIVA

En marketing digital se refiere a la estrategia de promocionar contenido publicitario de forma integrada y coherente con el entorno en el que se muestra, de manera que se mimetice con el resto del contenido y resulte más relevante y menos intrusivo para los usuarios.

Supongamos que visitas un sitio web de noticias. Mientras lees un artículo sobre consejos de estudio, encuentras un bloque de contenido promocionado que parece un artículo informativo relacionado con el tema. Este contenido promocionado está diseñado de manera similar a los demás artículos del sitio, con el mismo estilo de redacción y formato visual. A primera vista, podría ser difícil distinguir si es un artículo patrocinado o uno generado por los propios periodistas del sitio.

En este caso, el Native Advertising se utiliza para promocionar un producto o servicio relacionado con el tema del artículo (por ejemplo, un curso de estudio en línea). El objetivo es captar la atención de los lectores de manera más natural y sin interrumpir su experiencia de lectura. Al mimetizarse con el contenido editorial, el anuncio se vuelve más relevante y atractivo para los usuarios, lo que aumenta las

posibilidades de que hagan clic en él y se interesen por la oferta promocionada.

El Native Advertising puede adoptar diferentes formas, como artículos patrocinados, recomendaciones de productos integradas en el contenido, videos promocionados en redes sociales o incluso mensajes patrocinados en aplicaciones móviles. En todos los casos, la clave es que el contenido publicitario se presente de manera coherente con el formato y estilo del medio en el que se muestra, lo que facilita su aceptación por parte de los usuarios.

NEUROMARKETING

Es una disciplina que combina los principios de la neurociencia con las estrategias de marketing para comprender cómo funcionan los procesos cerebrales de los consumidores y utilizar esa información para diseñar estrategias de marketing más efectivas.

Pongamos como ejemplo que estas interesado en comprar un nuevo teléfono móvil. Las marcas de teléfonos móviles utilizan el neuromarketing para comprender cómo los estímulos visuales, los colores, las palabras y otros elementos de su estrategia de marketing pueden influir en tu decisión de compra.

Las marcas pueden utilizar técnicas de neuromarketing para diseñar el empaque del teléfono móvil de manera que sea visualmente atractivo y genere una respuesta emocional positiva en tu cerebro. Pueden utilizar colores llamativos, formas ergonómicas y elementos visuales que destaquen las características clave del teléfono.

Además, las marcas pueden utilizar estudios de neuromarketing para comprender cómo se procesa la información en tu cerebro durante el proceso de compra. Pueden realizar pruebas para determinar qué tipo de mensajes publicitarios, ya sea visual, auditivo o táctil, tienen un mayor impacto en tu cerebro y te llevan a considerar la compra del producto.

El neuromarketing también se utiliza para analizar las respuestas emocionales de los consumidores mediante técnicas como la resonancia magnética funcional (fMRI) o la medición de la conductancia de la piel. Estas herramientas permiten a los especialistas en marketing comprender qué estímulos emocionales despiertan el interés y la conexión con los consumidores, lo que les ayuda a adaptar sus estrategias de marketing de manera más efectiva.

OMNICANAL

La estrategia omnicanal en marketing digital busca brindar una experiencia integrada y coherente a los usuarios en todos los canales y dispositivos utilizados durante su recorrido de compra o interacción con una marca.

Imagina que estás buscando comprar un par de zapatos en línea. Comienzas tu búsqueda en el sitio web de una tienda de zapatos, explorando los diferentes modelos y características disponibles. Luego, te das cuenta de que necesitas verificar tu talla en persona, así que visitas una tienda física de la misma marca. En la tienda, el personal te ayuda a encontrar la talla correcta y te ofrece sugerencias basadas en tus preferencias.

Después de salir de la tienda, decides hacer la compra en línea porque encontraste un descuento adicional. Utilizas tu teléfono móvil para acceder al sitio web de la tienda y realizar la compra. Durante el proceso, notas que los zapatos que agregaste al carrito en la tienda física también están allí, lo que te permite continuar la compra de manera conveniente.

En este ejemplo, la marca ha implementado una estrategia omnicanal al proporcionar una experiencia fluida y consistente en todos los canales utilizados durante tu recorrido de compra. Pudiste explorar los productos en línea, visitar una tienda física para probar los zapatos y luego completar la compra en línea sin problemas. Además, la marca sincronizó tus selecciones entre los canales, lo que facilitó el proceso de compra y evitó la duplicación de esfuerzos.

La estrategia omnicanal busca ofrecer una experiencia unificada y sin fisuras a los usuarios, independientemente del canal que utilicen. Esto implica la integración de los canales en términos de diseño, comunicación, información y servicio al cliente. El objetivo es brindar comodidad, personalización y coherencia a lo largo de todo el recorrido del cliente, independientemente de si interactúan con la marca en línea o fuera de línea.

OPTIMIZACIÓN DE LA TASA DE CONVERSIÓN (CRO, POR SUS SIGLAS EN INGLÉS)

Se refiere a la práctica de mejorar la eficiencia de un sitio web o una campaña de marketing con el objetivo de aumentar la tasa de conversión, es decir, el porcentaje de usuarios que realizan una acción deseada, como realizar una compra, suscribirse a un boletín informativo o completar un formulario.

Para explicar mejor esta práctica imaginemos que tienes un sitio web donde vendes productos artesanales en línea. Aunque tienes una buena cantidad de visitantes, notas que la mayoría de ellos no realizan compras y abandonan el sitio sin completar una transacción. Aquí es donde entra en juego la optimización de la tasa de conversión.

Para mejorar la tasa de conversión, puedes realizar pruebas y cambios en tu sitio web. Por ejemplo, puedes probar diferentes colores y ubicaciones de los botones de compra, mejorar la claridad y la persuasión de tus mensajes de venta, simplificar el proceso de pago o agregar testimonios de clientes satisfechos. Luego, analizas los resultados para determinar qué cambios tienen un impacto positivo en la tasa de conversión.

Supongamos que, después de realizar algunas pruebas y mejoras, logras aumentar la tasa de conversión en un 20%. Esto significa que ahora más estudiantes que visitan tu sitio web están realizando compras. Esta optimización te ayuda a generar más ingresos y a maximizar el retorno de la inversión en tu negocio.

ORGANIC REACH

Se refiere al alcance que se obtiene de forma natural y no pagada en las plataformas de redes sociales y motores de búsqueda. Representa la cantidad de personas que ven el contenido de una marca sin que se haya invertido dinero en publicidad para promocionarlo.

Imaginemos que tienes una página de Instagram donde compartes tus fotografías de viajes. Si publicas una foto y tus seguidores en Instagram la ven en su feed de forma orgánica, sin necesidad de promocionarla con anuncios pagados, entonces estás alcanzando un organic reach.

Un ejemplo sería que publicas una foto de un hermoso paisaje en tu cuenta de Instagram. Tus seguidores, al revisar su feed, ven tu publicación y algunos de ellos dan like, comentan o comparten tu foto con sus propios seguidores. Estos seguidores de tus seguidores también tienen la oportunidad de ver y interactuar con tu foto, lo que amplía el alcance orgánico de tu contenido.

El organic reach es importante en el marketing digital porque representa una forma gratuita y auténtica de llegar a una audiencia. Cuanto mayor sea tu organic reach, más personas estarán expuestas a tu contenido sin que tengas que pagar por publicidad. Sin embargo, es importante tener en cuenta que en los últimos años, las plataformas de redes sociales han limitado el alcance orgánico, lo que significa que cada vez es más difícil alcanzar a todos tus seguidores sin invertir en publicidad.

Para aumentar el organic reach, es importante generar contenido de calidad, relevante y atractivo para tu audiencia. Esto puede incluir la publicación regular de contenido interesante, la interacción con tus seguidores y la utilización de hashtags relevantes. Además, el engagement (interacción) en tu contenido, como likes, comentarios y compartidos, puede ayudar a ampliar el alcance orgánico, ya que las plataformas de redes sociales suelen mostrar contenido popular y con mayor participación a más personas.

PERSONA

En marketing digital, una persona se refiere a una representación ficticia de tu cliente ideal. Es la creación de un perfil detallado y específico que incluye información demográfica, intereses, necesidades, comportamientos y características únicas de tu audiencia objetivo. La creación de una persona te ayuda a comprender mejor a quién te diriges y cómo adaptar tus estrategias de marketing para satisfacer sus necesidades.

Supongamos que estás interesado en iniciar un negocio de venta de ropa en línea. Antes de comenzar a desarrollar tu estrategia de marketing digital, es importante que identifiques quién es tu público objetivo. Para ello, podrías crear una persona llamada "Ana", una estudiante universitaria de 22 años, amante de la moda, interesada en las últimas tendencias y con un presupuesto limitado. Ana está activa en redes sociales como Instagram y sigue a influencers de moda para obtener inspiración.

Al crear esta persona, tendrías una idea clara de quién es tu cliente ideal. Esto te permitiría adaptar tus mensajes, contenido y canales de marketing para llegar a Ana de manera efectiva. Podrías desarrollar estrategias de marketing centradas en la moda asequible, promocionar tus productos en Instagram y colaborar con influencers de moda populares para llegar a Ana y captar su atención.

La creación de una persona en marketing digital te ayuda a visualizar y comprender a tu audiencia objetivo de manera más concreta. Te permite adaptar tus esfuerzos de marketing para conectar de manera más efectiva con las necesidades, deseos y características de tu cliente ideal. Al tener una comprensión clara de quién es tu persona, puedes desarrollar estrategias más enfocadas y personalizadas que generen un mayor impacto y resultados en tus esfuerzos de marketing.

<u>PERSONALIZACIÓN</u>

Se refiere a la práctica de adaptar el contenido, las ofertas y las experiencias de marketing para satisfacer las necesidades, los intereses y las preferencias individuales de los usuarios. Consiste en brindar mensajes y experiencias personalizadas a cada usuario en función de su comportamiento, historial de compras, ubicación u otros datos relevantes.

Imaginemos que estas interesado en la moda. Estás navegando en línea en busca de ropa y accesorios. Al visitar un sitio web de una tienda de moda, notas que la página de inicio muestra una selección de productos que se ajustan a tus gustos y preferencias personales. Además, recibes recomendaciones de productos basadas en tu historial de compras y búsquedas anteriores.

A medida que navegas por el sitio web, también recibes ofertas promocionales exclusivas para estudiantes universitarios, ya que la tienda ha segmentado su audiencia y te ha identificado como parte de ese grupo. Incluso recibes mensajes personalizados a través de correos electrónicos o notificaciones móviles, invitándote a descubrir nuevas colecciones o a participar en eventos relacionados con la moda.

En este ejemplo, la tienda de moda está aplicando estrategias de personalización en marketing digital. Está utilizando datos sobre tus preferencias y comportamientos para ofrecerte contenido relevante y ofertas exclusivas. Esta personalización busca mejorar tu experiencia como cliente y aumentar la probabilidad de que realices una compra.

La personalización en marketing digital se basa en el uso de tecnologías y herramientas como algoritmos de recomendación, seguimiento de comportamiento, análisis de datos y automatización. Estas herramientas permiten a las empresas recopilar información sobre los usuarios y utilizarla para adaptar el contenido, los mensajes y las experiencias de marketing en función de sus preferencias individuales.

POSICIONAMIENTO SEO (SEARCH ENGINE OPTIMIZATION)

Son técnicas y estrategias utilizadas para mejorar la visibilidad y la posición de un sitio web en los resultados de búsqueda orgánica de los motores de búsqueda, como Google. El objetivo es aparecer en los primeros resultados de búsqueda cuando los usuarios buscan palabras clave relacionadas con el contenido o los productos/servicios ofrecidos por el sitio web.

Para explicar esta técnica imaginemos que tienes un blog sobre viajes. Quieres que tu blog aparezca en los primeros resultados de búsqueda cuando las personas busquen información sobre destinos turísticos populares. Aquí es donde entra en juego el posicionamiento SEO.

Para optimizar tu blog para el SEO, puedes realizar diferentes acciones, como investigar y seleccionar las palabras clave adecuadas relacionadas con el tema de viajes, optimizar los títulos y las descripciones de tus publicaciones, mejorar la estructura y la organización del contenido, aumentar la velocidad de carga del sitio web y obtener enlaces de calidad de otros sitios web relevantes.

Supongamos que implementas estas estrategias y optimizas tu blog para palabras clave como "mejores destinos turísticos", "consejos de viaje" y "lugares para visitar". Con el tiempo, tu blog comienza a aparecer en los primeros resultados de búsqueda cuando las personas buscan esas palabras clave. Esto te permite atraer más tráfico orgánico a tu blog y aumentar tu visibilidad entre los lectores interesados en viajes.

En este ejemplo, el posicionamiento SEO te ayuda a mejorar la visibilidad y la posición de tu blog en los resultados de búsqueda. Al aplicar estrategias de SEO, tu blog se vuelve más relevante y atractivo para los motores de búsqueda, lo que aumenta tus posibilidades de aparecer en los primeros resultados y atraer más visitantes.

El posicionamiento SEO implica comprender cómo funcionan los motores de búsqueda, qué factores influyen en la clasificación de los resultados de búsqueda y cómo optimizar un sitio web para cumplir con esos factores. A través de la implementación efectiva de técnicas de SEO, puedes aumentar la visibilidad de tu sitio web y atraer más tráfico orgánico, lo que puede traducirse en mayores oportunidades de negocio o interacción con tu contenido.

PROGRAMMATIC ADVERTISING

Es una forma automatizada de comprar y vender espacios publicitarios en línea. En lugar de realizar negociaciones y transacciones manuales entre anunciantes y editores, el Programmatic Advertising utiliza algoritmos y tecnología para realizar subastas en tiempo real y colocar anuncios de manera eficiente en diversos sitios web y plataformas digitales.

Pongamos como ejemplo que estás interesado en comprar publicidad en línea para promocionar un evento que estás organizando. En lugar de tener que contactar directamente a cada sitio web o plataforma para negociar y comprar espacios publicitarios, el Programmatic Advertising te permitiría utilizar una plataforma de compra programática.

En esta plataforma, definirías tus criterios de publicidad, como el público objetivo al que te quieres dirigir, la ubicación geográfica, el presupuesto y las fechas de exposición. Luego, la plataforma se encargaría de mostrar tus anuncios en tiempo real a través de un proceso automatizado de subasta.

Por ejemplo, cuando un usuario visita un sitio web

que forma parte de la red de la plataforma de Programmatic Advertising, se realiza una subasta instantánea para determinar qué anuncio se mostrará al usuario. En cuestión de milisegundos, el algoritmo evalúa los datos del usuario, como su historial de navegación y sus características demográficas, y decide qué anuncio es más relevante y valioso para mostrarle.

En este caso, si has definido que tu público objetivo son estudiantes universitarios en una determinada ubicación geográfica, el Programmatic Advertising se encargaría de identificar a esos usuarios específicos y mostrarles tu anuncio en sitios web relevantes para ellos, como sitios de noticias universitarias o redes sociales populares entre estudiantes.

El Programmatic Advertising ofrece eficiencia y precisión en la compra de espacios publicitarios, ya que utiliza datos y algoritmos para llegar al público adecuado en el momento adecuado. Esto permite maximizar el impacto de tus anuncios y optimizar el retorno de la inversión en tus campañas de marketing digital.

PUSH NOTIFICATION

Es un mensaje que se envía a través de una aplicación móvil o sitio web, y aparece directamente en la pantalla del dispositivo del usuario, incluso cuando la aplicación no está abierta. Estos mensajes se utilizan para enviar información relevante, actualizaciones o promociones a los usuarios, y pueden ayudar a las empresas a mantenerse en contacto con su audiencia de manera efectiva.

Imaginemos que eres un emprendedor que utiliza una aplicación móvil de una librería en línea para comprar tus libros de texto. Un ejemplo de Push Notification que podrías recibir es un mensaje que te informa sobre una venta especial de libros de texto con descuentos exclusivos para emprendedores. Este mensaje aparecería en la pantalla de tu teléfono, incluso si no tienes la aplicación abierta en ese momento.

Las Push Notifications son una herramienta poderosa en el marketing digital porque permiten a las empresas comunicarse directamente con los usuarios de manera instantánea. Pueden utilizarse para recordar a los usuarios sobre eventos, promociones, actualizaciones de productos, cambios en los servicios, noticias relevantes u otra información importante.

Por ejemplo, supongamos que te registras en una aplicación móvil de ejercicios físicos para mantenerte en forma. La aplicación podría enviar una Push Notification recordándote que es hora de hacer ejercicio, brindándote consejos de salud o incluso informándote sobre nuevas rutinas de entrenamiento disponibles en la aplicación.

Es importante destacar que las Push Notifications deben ser relevantes, personalizadas y no invasivas para ser efectivas. Los usuarios deben tener la opción de optar por recibirlas y deben poder configurar sus preferencias de notificación en la aplicación.

REMARKETING o RETARGETING

Es una estrategia que permite mostrar anuncios específicos a personas que han interactuado previamente con un sitio web, aplicación móvil u otro canal digital. Se basa en el seguimiento de los usuarios y la utilización de cookies para identificar a aquellos que han mostrado interés en determinados productos, servicios o contenido.

Supongamos que eres un deportista que ha visitado un sitio web de una tienda en línea de artículos deportivos. Has estado navegando por diferentes secciones, has agregado algunos productos a tu carrito de compras, pero por alguna razón no has completado la compra. Luego, cuando visitas otros sitios web o redes sociales, notas que te siguen apareciendo anuncios de la misma tienda con los productos que has visto anteriormente.

En este ejemplo, el remarketing se utiliza para volver a captar tu atención y recordarte los productos que has mostrado interés en el pasado. Estos anuncios se muestran específicamente a personas que han visitado el sitio web de la tienda, con el objetivo de generar un recordatorio y fomentar la conversión, es decir, que finalices la compra que no completaste.

El remarketing se implementa mediante el uso de etiquetas o códigos de seguimiento en el sitio web, que permiten recopilar información sobre el comportamiento de los usuarios, como las páginas visitadas, los productos vistos o los productos agregados al carrito de compras. Esta información se utiliza luego para segmentar y mostrar anuncios personalizados a esas personas cuando navegan por otros sitios o plataformas en línea.

La estrategia de remarketing puede aplicarse en

diferentes etapas del embudo de conversión. Por ejemplo, se puede utilizar para recordar a los usuarios productos que dejaron en su carrito de compras, ofrecer descuentos exclusivos a aquellos que abandonaron el proceso de compra o promocionar productos relacionados con los que ya han adquirido.

RICH SNIPPET

Se refiere a un formato especial de resultado de búsqueda que proporciona información adicional y más visualmente atractiva en los motores de búsqueda. Estos fragmentos enriquecidos están diseñados para destacar y resaltar ciertos aspectos de una página web, como reseñas de productos, calificaciones, precios, horarios de apertura, recetas, eventos, entre otros.

Imaginemos que buscas información sobre restaurantes en tu área para celebrar una ocasión especial. Al realizar una búsqueda en un motor de búsqueda, puedes encontrar resultados que incluyan Rich Snippets, los cuales pueden mostrar reseñas, clasificaciones y horarios de apertura directamente en los resultados de búsqueda.

Estos fragmentos enriquecidos te permiten obtener

rápidamente información clave sobre los restaurantes sin necesidad de visitar sus sitios web individuales.

Los Rich Snippets son importantes en el marketing digital porque pueden aumentar la visibilidad y la tasa de clics de un sitio web al destacarse entre los resultados de búsqueda. Al proporcionar información adicional y atractiva directamente en los resultados, los usuarios tienen más probabilidades de hacer clic en el enlace y visitar el sitio web.

Otro ejemplo también seria, si tienes un blog de recetas y has marcado tus publicaciones con datos estructurados, un Rich Snippet podría mostrar una imagen de la receta, la calificación de los usuarios y el tiempo de preparación directamente en los resultados de búsqueda. Esto hace que tu receta se destaque y sea más atractiva para los usuarios que están buscando ideas para cocinar.

Para implementar Rich Snippets, se utilizan lenguajes de marcado estructurado como el Schema.org para etiquetar el contenido relevante en las páginas web. Esto permite a los motores de búsqueda comprender mejor la información y mostrarla de manera más visualmente atractiva en los resultados.

ROI, O RETORNO DE LA INVERSIÓN (RETURN ON INVESTMENT)

Es una métrica que se utiliza para evaluar la rentabilidad y el rendimiento de una inversión realizada en actividades de marketing. Indica la relación entre los ingresos generados y los costos incurridos en una campaña o estrategia de marketing.

Para explicar el ROI, podríamos utilizar el siguiente ejemplo:

Imagina que eres dueño de un pequeño negocio y decides invertir en una campaña publicitaria en línea para promocionar tus productos. Gastas $500 en anuncios en redes sociales y, como resultado, generas $2,000 en ventas directamente relacionadas con esa campaña.

Para calcular el ROI, se utiliza la siguiente fórmula: ROI = (Ingresos - Costos) / Costos * 100

En este caso, los ingresos generados fueron $2,000 y los costos de la campaña publicitaria fueron $500. Aplicando la fórmula, tendríamos: ROI = ($2,000 - $500) / $500 * 100 = 300%

Esto significa que por cada dólar invertido en la campaña publicitaria, obtuviste un retorno de $3. En términos porcentuales, tu **ROI** fue del 300%.

Un **ROI** positivo indica que la inversión en marketing fue rentable, ya que los ingresos generados superaron los costos invertidos. Sin embargo, es importante tener en cuenta otros factores, como los gastos adicionales asociados a la campaña y el período de tiempo durante el cual se realizaron las ventas.

El ROI es una métrica clave en el marketing digital, ya que permite evaluar la eficacia de las estrategias y tomar decisiones informadas sobre la asignación de recursos. Cuanto mayor sea el ROI, mejor será la rentabilidad de la inversión en marketing.

SAAS (SOFTWARE AS A SERVICE)

Se refiere a un modelo de entrega de software en el que las aplicaciones o programas se ofrecen a través de Internet como un servicio. En lugar de descargar e instalar el software en tu computadora, puedes acceder y utilizarlo a través de un navegador web.

Imaginemos que necesitas utilizar un software de edición de imágenes para un proyecto. En lugar de comprar e instalar un software en tu computadora, puedes optar por utilizar una herramienta de edición de imágenes basada en SaaS. Simplemente te registrarías en el sitio web de la herramienta y accederías a todas las funcionalidades de edición de imágenes a través de tu navegador web. No necesitarías preocuparte por las actualizaciones del software ni por la compatibilidad con tu sistema operativo, ya que todo se maneja en la nube.

Un ejemplo popular de SaaS en marketing digital es Adobe Creative Cloud. En lugar de comprar programas como Photoshop, Illustrator o InDesign y tener que instalarlos en tu computadora, puedes suscribirte a Adobe Creative Cloud como un servicio mensual o anual. A través de tu cuenta en la nube, puedes acceder a todas las aplicaciones de Adobe, utilizarlas en línea y guardar tus proyectos en la nube. Esto te brinda flexibilidad, ya que puedes acceder a tus proyectos y trabajar en ellos desde diferentes dispositivos siempre que tengas acceso a Internet.

El modelo SaaS en marketing digital ofrece varias ventajas tanto para los proveedores de software como para los usuarios. Para los proveedores, les permite entregar actualizaciones y mejoras de manera más rápida y eficiente, ya que solo necesitan actualizar el software en un servidor centralizado en lugar de tener que distribuir actualizaciones a cada usuario individualmente. Además, les permite monetizar el software a través de suscripciones, lo que brinda ingresos recurrentes.

Para los usuarios, el SaaS ofrece mayor flexibilidad, ya que pueden acceder a las aplicaciones desde cualquier dispositivo con acceso a Internet. No tienen que preocuparse por la instalación, el mantenimiento o la compatibilidad del software, ya que todo se gestiona en la nube. Además, el modelo de suscripción mensual o anual puede resultar más económico para aquellos que no necesitan utilizar el software de forma constante.

SEM, O SEARCH ENGINE MARKETING (MARKETING EN MOTORES DE BÚSQUEDA)

Es una estrategia de marketing digital que tiene como objetivo aumentar la visibilidad y la relevancia de un sitio web en los resultados de búsqueda de los motores de búsqueda, como Google. Consiste principalmente en la creación y la gestión de anuncios pagados, también conocidos como anuncios de búsqueda o anuncios PPC (Pago por Clic).

Imaginemos que eres un profesional que ha creado un sitio web para vender productos de arte y manualidades en línea. Deseas aumentar la visibilidad de tu sitio web en los resultados de búsqueda de Google para atraer más visitantes y potenciales clientes.

En este caso, podrías utilizar el SEM para promocionar tu sitio web. Crearías una campaña de anuncios de búsqueda en Google Ads, donde seleccionarías palabras clave relevantes relacionadas con tu negocio, como "productos de arte", "materiales de manualidades", etc.

Cuando alguien realiza una búsqueda en Google utilizando esas palabras clave, tu anuncio podría aparecer en los resultados de búsqueda. Por ejemplo, si alguien busca "comprar materiales de arte en línea", tu anuncio podría aparecer en la parte superior o en la parte inferior de la página de resultados.

Al hacer clic en tu anuncio, los usuarios serían redirigidos a tu sitio web, donde podrían explorar tus productos y realizar compras.

El SEM te permite llegar a un público específico que busca activamente productos o servicios relacionados con tu negocio. Además, puedes establecer un presupuesto diario o límites de gasto para controlar el costo de tus anuncios.

Es importante realizar una investigación de palabras clave adecuada y optimizar tus anuncios para mejorar la relevancia y maximizar los resultados de tu campaña de SEM.

SEGMENTACIÓN DE MERCADO

Es el proceso de dividir un mercado más amplio en grupos más pequeños y homogéneos de consumidores con características y necesidades similares. Estos grupos, conocidos como segmentos de mercado, se crean para facilitar la personalización y la orientación precisa de las estrategias de marketing.

Imaginemos que estás trabajando en un proyecto para lanzar una nueva línea de ropa deportiva. Antes de

iniciar tu campaña de marketing, debes comprender a qué tipo de consumidores te quieres dirigir.

En este caso, podrías realizar una segmentación de mercado para identificar los diferentes grupos de consumidores interesados en tu línea de ropa deportiva. Algunos posibles segmentos de mercado podrían ser:

Segmento de jóvenes atletas: Este grupo incluye a estudiantes universitarios y jóvenes adultos que participan en actividades deportivas de forma regular y buscan ropa de alto rendimiento.

Segmento de entusiastas del fitness: Estos consumidores están interesados en mantenerse en forma y buscan ropa cómoda y moderna para sus rutinas de ejercicio.

Segmento de aficionados al deporte: Incluye a personas que no practican deportes de forma profesional, pero son seguidores y fanáticos de equipos deportivos. Buscan prendas relacionadas con sus equipos favoritos.

Segmento de personas activas al aire libre: Este grupo está compuesto por amantes de actividades al aire libre como el senderismo, el ciclismo o el running. Buscan ropa resistente, transpirable y adecuada para sus actividades.

Una vez que hayas identificado los segmentos de mercado, puedes adaptar tus estrategias de marketing para llegar a cada uno de ellos de manera efectiva. Por ejemplo, podrías utilizar mensajes publicitarios diferentes y canales de comunicación específicos para cada segmento, como publicaciones en redes sociales dirigidas a jóvenes atletas o colaboraciones con influencers del fitness para llegar al segmento de entusiastas del fitness.

La segmentación de mercado te permite entender mejor a tus consumidores y adaptar tus esfuerzos de marketing para satisfacer sus necesidades específicas. Al hacerlo, puedes aumentar la relevancia de tus mensajes y maximizar la eficacia de tus campañas.

SERP, QUE SIGNIFICA SEARCH ENGINE RESULTS PAGE (PÁGINA DE RESULTADOS EN LOS MOTORES DE BÚSQUEDA)

Se refiere a la página que se muestra después de realizar una búsqueda en un motor de búsqueda, como Google. Esta página contiene una lista de resultados relevantes para la consulta de búsqueda realizada.

Pondremos como ejemplo que eres un estudiante universitario y estás buscando información sobre "mejores universidades del mundo" en Google. Después de realizar la búsqueda, la SERP es la página que te muestra los resultados de tu consulta. En esta página, verás una lista de enlaces a diferentes sitios web que ofrecen información relevante sobre las mejores universidades del mundo.

Además de los enlaces, la SERP también puede incluir otros elementos, como anuncios pagados, fragmentos destacados, mapas, imágenes u otros recursos que el motor de búsqueda considere relevantes.

Los resultados que se muestran en la SERP suelen clasificarse por relevancia y calidad, y están influenciados por algoritmos de los motores de búsqueda que analizan diversos factores, como la calidad del contenido, la autoridad del sitio web y la concordancia con la consulta de búsqueda.

En el ejemplo de búsqueda de las mejores universidades del mundo, la SERP podría mostrar una lista de enlaces a sitios web que ofrecen rankings universitarios, guías de admisión, opiniones de estudiantes y otros recursos relacionados. También podrías encontrar anuncios de universidades destacadas o programas educativos relevantes.

Es importante entender cómo funciona la SERP en el marketing digital, ya que los profesionales del marketing buscan que sus sitios web aparezcan en los primeros resultados de búsqueda para aumentar la visibilidad de su marca, generar tráfico hacia su sitio y atraer a potenciales estudiantes o clientes. Para lograrlo, se implementan estrategias de SEO (Search Engine Optimization) que optimizan el contenido y la estructura de los sitios web para que sean considerados relevantes por los motores de búsqueda y aparezcan en mejores posiciones en la SERP.

SOCIAL MEDIA LISTENING

Se refiere al monitoreo y análisis de las conversaciones y

menciones que ocurren en las redes sociales sobre una marca, producto o tema específico. Es una estrategia que permite a las empresas obtener información valiosa sobre la percepción de su marca, el sentimiento de los usuarios y las tendencias en tiempo real.

Imaginemos que trabajas en una empresa de moda. Utilizando el Social Media Listening, la empresa puede monitorear las conversaciones en redes sociales como Twitter, Instagram o Facebook sobre su marca y productos. Por ejemplo, podrían buscar menciones de su última colección de ropa para determinar cómo está siendo recibida por los usuarios, qué les gusta y qué mejoras podrían implementarse en futuras colecciones.

Un ejemplo más concreto sería si la empresa lanza un nuevo modelo de zapatillas deportivas. A través del Social Media Listening, pueden rastrear las menciones de las zapatillas en las redes sociales y analizar los comentarios de los usuarios. Si muchos usuarios hablan positivamente sobre la comodidad y el diseño de las zapatillas, la empresa puede utilizar esa información para destacar esas características en su estrategia de marketing y promociones. Además, si identifican alguna crítica recurrente, pueden tomar

medidas para mejorar ese aspecto en futuras versiones del producto.

El Social Media Listening permite a las empresas estar al tanto de las opiniones, necesidades y tendencias de su público objetivo. Pueden identificar oportunidades de mejora, detectar problemas rápidamente y adaptar sus estrategias de marketing en consecuencia. También pueden utilizar la información obtenida para interactuar con los usuarios y brindar respuestas personalizadas a sus consultas o comentarios, lo que contribuye a fortalecer la relación con los clientes.

Existen herramientas especializadas en Social Media Listening que facilitan el monitoreo y el análisis de las conversaciones en redes sociales. Estas herramientas utilizan algoritmos y palabras clave específicas para filtrar y organizar la gran cantidad de datos generados en las redes sociales.

SOCIAL MEDIA MARKETING

Se refiere al uso estratégico de las redes sociales para promocionar una marca, productos o servicios, y establecer una relación directa con la audiencia objetivo. Consiste en utilizar plataformas de redes sociales como Facebook,

Instagram, Twitter, LinkedIn, entre otras, para crear y compartir contenido relevante, interactuar con los seguidores y alcanzar los objetivos de marketing de una empresa o marca.

Supongamos que tienes un negocio de motocicletas vintage en línea. Utilizar el Social Media Marketing implica crear perfiles de negocio en las plataformas de redes sociales populares, como Instagram y Facebook, y utilizarlas como canales para promocionar tus productos.

Por ejemplo, puedes publicar fotografías atractivas de las motocicletas que vendes en tu tienda en línea. Puedes compartir historias detrás de las piezas, consejos de cuidado y mantenimiento, además de promociones exclusivas para tus seguidores en las redes sociales. Además, puedes interactuar con los comentarios y mensajes de tus seguidores, responder preguntas, agradecerles y generar un sentido de comunidad alrededor de tu marca.

El Social Media Marketing te permite llegar a tu público objetivo de manera directa y personalizada. Puedes segmentar tus mensajes y anuncios según características demográficas, intereses y comportamientos, lo que te permite dirigirte a personas específicas que tienen más probabilidades de estar interesadas en tus productos.

Además, las redes sociales te brindan la oportunidad de medir y analizar el rendimiento de tus campañas y contenidos. Puedes obtener métricas como el alcance, la participación, los clics y las conversiones, lo que te permite evaluar la efectividad de tu estrategia y realizar ajustes para obtener mejores resultados.

SOCIAL PROOF O PRUEBA SOCIAL

Se refiere a la influencia que tienen las opiniones, acciones y comportamientos de otras personas en nuestras decisiones de compra. Básicamente, cuando vemos que otras personas han utilizado un producto o servicio y están satisfechas con él, es más probable que confiemos en esa marca y estemos dispuestos a probarlo nosotros mismos.

Por ejemplo, estás buscando un nuevo teléfono inteligente. Tienes varias opciones en mente, pero no estás seguro de cuál sería la mejor elección. Entonces, decides buscar reseñas y opiniones en línea. Encuentras un sitio web donde varios usuarios han dejado comentarios positivos sobre un modelo en

particular.

Mencionan su duración de batería, la calidad de la cámara y la facilidad de uso. Estos comentarios favorables te brindan una "prueba social" de que ese teléfono es confiable y cumple con tus necesidades.

El Social Proof también puede manifestarse a través de números, como contar con un gran número de seguidores en las redes sociales o tener muchas reseñas positivas en una tienda en línea. Estos factores pueden generar confianza en la mente del consumidor, ya que percibe que hay una aceptación generalizada de la marca o producto.

<u>STORYTELLING</u>

Es una técnica que consiste en contar una historia relevante y atractiva para captar la atención del público y transmitir un mensaje de manera memorable. Se trata de utilizar elementos narrativos, como personajes, conflictos y emociones, para conectar con los usuarios y generar una experiencia significativa.

Imaginemos que estás trabajando en un proyecto de marketing para una marca de café. Para utilizar el storytelling, podrías crear una historia alrededor de la marca que involucre a los consumidores y los haga sentir identificados y emocionalmente conectados.

Por ejemplo, podrías contar la historia de un agricultor apasionado que cultiva café en una pequeña finca familiar en las montañas. Podrías describir su dedicación y cuidado en cada etapa del proceso de cultivo, desde la selección de las mejores semillas hasta la recolección manual de los granos maduros. Luego, podrías narrar cómo estos granos son tostados con esmero por un maestro tostador y finalmente se convierten en una taza de café exquisito.

A través de esta historia, estarías transmitiendo valores como la calidad, la artesanía, la pasión y la conexión con la naturaleza. Los consumidores podrían sentir una conexión emocional con la marca y valorar la atención y el cuidado que se dedican a cada taza de café.

El storytelling en marketing digital busca involucrar a los usuarios a través de la narración de historias auténticas y relevantes. Puede ser utilizado en diferentes canales, como videos, publicaciones en redes sociales, blogs o anuncios, para generar interés, crear una conexión emocional con la marca y motivar a la acción, como la compra de un producto o la participación en una campaña.

TARGET AUDIENCE, O PÚBLICO OBJETIVO

Se refiere al grupo específico de personas al que se dirige una estrategia de marketing. Es el conjunto de individuos que comparten características demográficas, comportamientos, intereses o necesidades comunes, y que representan al segmento de mercado al que una empresa desea llegar de manera efectiva.

Imaginemos que estás trabajando en un proyecto de marketing para una empresa de ropa deportiva. Para identificar el target audience, deberías investigar y definir quiénes son los consumidores ideales para esa marca en particular.

Por ejemplo, podrías determinar que el público objetivo de la marca de ropa deportiva son hombres y mujeres jóvenes, de entre 18 y 30 años, que practican deportes y llevan un estilo de vida activo. Además, podrías identificar que están interesados en la moda, valoran la calidad y buscan prendas cómodas y funcionales para sus actividades deportivas.

Con esta información, podrías adaptar las estrategias de marketing para llegar de manera efectiva a este público objetivo. Podrías crear contenidos y mensajes que resuenen con sus intereses y necesidades, utilizar los canales de comunicación adecuados, como redes sociales populares entre esa audiencia, y seleccionar imágenes y tono de voz que les resulten atractivos.

Identificar el target audience es fundamental en marketing digital, ya que permite dirigir los esfuerzos de manera más precisa y eficiente. Al conocer y comprender a quién te diriges, puedes crear estrategias más efectivas, optimizar el uso de los recursos y generar un mayor impacto en las personas adecuadas.

USER-GENERATED CONTENT, O CONTENIDO GENERADO POR LOS USUARIOS

Se refiere al contenido creado y compartido por los propios usuarios en plataformas digitales, como redes sociales, blogs, foros o sitios web. En el contexto del marketing digital, el user-generated content es utilizado por las marcas como una estrategia para involucrar a los usuarios y promover la participación activa de la comunidad.

Imaginemos que eres una apasionada de la belleza

que está trabajando en un proyecto de marketing para una marca de productos de belleza. Para aprovechar el user-generated content, podrías animar a los usuarios a compartir sus experiencias con los productos a través de fotos, reseñas o testimonios en redes sociales.

Por ejemplo, podrías lanzar un concurso en el que los usuarios deben subir una foto utilizando un producto de la marca y mencionar el hashtag específico de la campaña. Luego, seleccionarías algunas de esas fotos y las compartirías en la página de la marca, dándoles reconocimiento y agradecimiento por su participación.

Esto no solo promovería el engagement y la interacción con la comunidad, sino que también serviría como prueba social, mostrando a otros consumidores cómo los productos de la marca son utilizados y apreciados por personas reales.

El user-generated content es valioso en marketing digital porque genera confianza y autenticidad. Cuando los usuarios comparten sus experiencias positivas con una marca, otros consumidores pueden sentirse más inclinados a probar los productos o servicios. Además, el user-generated content puede amplificar el alcance de una marca, ya que los usuarios tienden a compartir su contenido con su propia red de contactos.

<u>UX (USER EXPERIENCE) EXPERIENCIA DEL USUARIO</u>

Se refiere a la forma en que una persona percibe e interactúa con un producto, servicio o plataforma digital. En el contexto del marketing digital, el UX se centra en diseñar y optimizar la experiencia del usuario para que sea satisfactoria, intuitiva y agradable, con el objetivo de generar un impacto positivo en la percepción de la marca y en los resultados del negocio.

Supongamos que estás trabajando en el desarrollo de un sitio web para una tienda de ropa para invierno online. Para ofrecer una buena experiencia de usuario, deberías tener en cuenta aspectos como la usabilidad, la accesibilidad, la estética visual y la facilidad de navegación.

Por ejemplo, podrías diseñar una interfaz sencilla y clara, con una estructura de menú intuitiva que permita a los usuarios encontrar fácilmente la ropa que están buscando. Además, podrías asegurarte de

que el sitio web sea responsive, es decir, que se adapte a diferentes dispositivos y tamaños de pantalla, para que los usuarios puedan acceder y navegar sin problemas desde sus computadoras, tablets o teléfonos móviles.

Otro aspecto importante del UX es el tiempo de carga del sitio web. Los usuarios esperan que las páginas se carguen rápidamente, por lo que es fundamental optimizar el rendimiento del sitio y reducir los tiempos de carga. Esto se puede lograr mediante la optimización de imágenes, el uso de técnicas de compresión y el cuidado de la estructura del sitio.

Un buen UX no solo mejora la satisfacción del usuario, sino que también puede tener un impacto positivo en los resultados del negocio, como la tasa de conversión, el tiempo de permanencia en el sitio y la fidelización de los clientes.

VIDEO MARKETING

Se refiere a la estrategia de utilizar videos para promocionar productos, servicios o marcas en plataformas digitales. Consiste en la creación, distribución y promoción de contenido audiovisual con el objetivo de captar la atención de la audiencia, transmitir un mensaje efectivo y generar resultados para el negocio.

Imaginemos que estás trabajando en el marketing de una marca de alimentos saludables. Para implementar una estrategia de video marketing, podrías crear videos cortos y atractivos que muestren recetas saludables utilizando los productos de la marca.

Por ejemplo, podrías producir un video tutorial donde un chef experto prepara una deliciosa ensalada utilizando los ingredientes de la marca. En el video, se mostraría el paso a paso de la preparación, se resaltarían los beneficios de los alimentos utilizados y se transmitiría el mensaje de que comer saludable puede ser fácil y sabroso.

Además, podrías utilizar videos testimoniales de personas satisfechas con los productos de la marca, compartiendo sus experiencias y resultados positivos. Estos videos pueden ayudar a generar confianza y credibilidad entre la audiencia, ya que se muestran testimonios reales de usuarios satisfechos.

El video marketing es efectivo porque el contenido audiovisual tiende a captar la atención de los usuarios de una manera más efectiva que otros formatos. Además, los videos permiten transmitir emociones, contar historias y mostrar visualmente los beneficios de un producto o servicio. También ofrecen la posibilidad de compartir el contenido en redes sociales, lo que puede aumentar su alcance y viralidad.

VIRALIDAD

Se refiere al fenómeno en el cual un contenido se propaga rápidamente y de forma masiva a través de las redes sociales y otros canales digitales. Cuando algo se vuelve viral, significa que ha captado la atención y el interés de una gran cantidad de personas, generando un alto nivel de compartición, comentarios y exposición en línea.

Imagina que estás interesado en la música. Si una canción se vuelve viral en las redes sociales, esto significa que muchas personas están compartiendo el video o audio de la canción, comentándola y etiquetando a sus amigos para que también la escuchen. Además, es probable que la canción se convierta en tema de conversación en diferentes plataformas digitales, como Twitter, Instagram y TikTok.

Un ejemplo concreto de viralidad en marketing digital es el fenómeno de "Despacito", la popular canción de Luis Fonsi y Daddy Yankee. En 2017, esta canción se volvió viral en todo el mundo, generando miles de millones de reproducciones en YouTube y siendo compartida en redes sociales por personas de diferentes países y culturas. La canción logró trascender barreras idiomáticas y se convirtió en un éxito global, gracias en gran medida a su viralidad en línea.

La viralidad puede ocurrir no solo con canciones, sino también con otros tipos de contenido, como videos graciosos, noticias impactantes, desafíos virales, memes, campañas publicitarias ingeniosas, entre otros. El factor clave para que algo se vuelva viral es su capacidad de captar la atención y el interés de la audiencia, generando una respuesta emocional que lleva a las personas a compartirlo con sus contactos.

Es importante tener en cuenta que la viralidad en sí misma no es una estrategia de marketing, sino más bien un resultado deseado de una estrategia bien ejecutada. Los profesionales del marketing digital pueden utilizar técnicas específicas, como la creación de contenido impactante, la participación de influencers o la implementación de desafíos virales, para fomentar la viralidad y maximizar la exposición de su marca o mensaje.

VIRTUAL REALITY O REALIDAD VIRTUAL

Se refiere a una tecnología que permite a las personas sumergirse en entornos virtuales generados por computadora y experimentarlos como si fueran reales. Utilizando dispositivos especiales como gafas o cascos de realidad virtual, los usuarios pueden explorar y interactuar con estos entornos de manera inmersiva.

Pongamos como ejemplo que eres un apasionado viajero interesado en viajar y experimentar diferentes destinos turísticos. Con la Realidad Virtual, podrías tener la oportunidad de "viajar" a diferentes lugares sin salir de tu habitación. Pones tus gafas de realidad virtual y te encuentras de repente en una playa paradisíaca con el sonido del océano y la sensación de la brisa marina. Puedes mirar alrededor, explorar el entorno y sentirte como si estuvieras realmente allí. Esta experiencia virtual te brinda una idea realista de cómo se vería y se sentiría estar en ese destino.

En el contexto del marketing digital, las empresas utilizan la Realidad Virtual para ofrecer experiencias únicas y envolventes a sus clientes. Por ejemplo, una agencia de viajes podría crear una experiencia de realidad virtual que permita a las personas explorar y experimentar los destinos que promocionan. Los clientes pueden "visitar" hoteles, recorrer lugares históricos o incluso probar actividades emocionantes, todo ello desde la comodidad de su hogar.

La Realidad Virtual en el marketing digital es una forma innovadora de captar la atención de los consumidores, ya que les brinda una experiencia inmersiva y memorable. Permite a las empresas mostrar sus productos o servicios de una manera más interactiva y emocionante, generando un mayor compromiso por parte de los clientes.

VOICE SEARCH, O "BÚSQUEDA POR VOZ"

Se refiere a la capacidad de realizar búsquedas en internet utilizando comandos de voz en lugar de escribir palabras clave en un motor de búsqueda. Es decir, en lugar de teclear una consulta en un dispositivo, se utiliza la voz para hacer preguntas o solicitar información.

Imagina que necesitas encontrar información sobre un tema específico para un proyecto de investigación. En lugar de abrir tu navegador y escribir las palabras clave en el motor de búsqueda, puedes utilizar tu dispositivo móvil o asistente de voz, como Siri, Google Assistant o Alexa, para realizar una búsqueda por voz. Por ejemplo, puedes decir "¿Cuáles son los efectos del cambio climático en el medio ambiente?" y el asistente de voz te proporcionará una respuesta o una lista de recursos relevantes.

El Voice Search en el marketing digital es importante porque refleja un cambio en la forma en que las personas interactúan con la tecnología y buscan información en línea. Cada vez más personas utilizan dispositivos inteligentes y asistentes de voz para obtener respuestas rápidas y convenientes a sus preguntas.

Para las empresas, esto implica adaptar sus estrategias de marketing digital para optimizar el contenido y la estructura de sus sitios web para las búsquedas por voz. Esto significa considerar cómo las personas formulan sus preguntas de manera oral y qué tipo de información están buscando. Por ejemplo, en lugar de optimizar para palabras clave individuales, las empresas deben considerar las frases completas y preguntas que las personas pueden usar al hacer búsquedas por voz.

Además, las empresas pueden aprovechar el Voice Search en sus estrategias de marketing, como el desarrollo de aplicaciones de voz, habilidades de voz para asistentes virtuales o la optimización de su presencia en los resultados de búsqueda por voz.

WEB ANALYTICS, O "ANÁLISIS WEB"

Se refiere al proceso de recolección, medición, análisis y reporte de datos relacionados con la actividad de un sitio web. Es una herramienta fundamental en el marketing digital, ya que permite obtener información valiosa sobre cómo los usuarios interactúan con un sitio web y cómo se comportan en términos de navegación, tiempo de permanencia, conversiones y más.

Imaginemos que eres un estudiante universitario y estás a cargo de administrar el sitio web de un club estudiantil al que perteneces. Utilizando herramientas de análisis web, puedes obtener datos como la cantidad de visitantes que acceden al sitio, qué páginas visitan con mayor frecuencia, cuánto tiempo pasan en cada página, qué enlaces hacen clic y cómo llegaron al sitio (por ejemplo, a través de una búsqueda en Google o un enlace en las redes sociales).

Estos datos te brindan información importante sobre el rendimiento del sitio web y la eficacia de tus estrategias de marketing digital. Por ejemplo, si notas que muchas personas abandonan el sitio después de visitar la página de inicio, puedes investigar por qué y realizar mejoras para retener a los visitantes. Si descubres que la mayoría de los visitantes provienen de las redes sociales, puedes enfocar tus esfuerzos de promoción en esas plataformas para aumentar el tráfico.

El Web Analytics también te permite rastrear conversiones, como registros de usuarios, descargas de documentos o compras en línea. Puedes identificar qué páginas o campañas de marketing generan más conversiones y optimizar tus esfuerzos en consecuencia.

WEBINAR

Es un tipo de evento en línea que combina la interacción en tiempo real con la presentación de contenido educativo, informativo o promocional. Es una forma efectiva de transmitir conocimientos, impartir conferencias o realizar presentaciones a una audiencia virtual.

Imagina que eres un egresado de la universidad y

estás interesado en aprender sobre emprendimiento. Un webinar sobre emprendimiento podría ser organizado por expertos en el tema y transmitido en vivo a través de una plataforma en línea. Durante el webinar, los expertos compartirían su experiencia, consejos prácticos y estrategias para iniciar un negocio exitoso.

El webinar permitiría a los participantes realizar preguntas en tiempo real a través de un chat o sistema de preguntas y respuestas, y los expertos responderían en el momento o al final del webinar. Además, se podrían incluir elementos visuales como presentaciones de diapositivas, videos y demos para enriquecer la experiencia de aprendizaje.

Un ejemplo concreto de webinar en marketing digital es un evento en línea sobre marketing de redes sociales. Un experto en marketing digital podría ofrecer un webinar en el que comparta consejos sobre cómo utilizar las redes sociales de manera efectiva para promocionar productos o servicios. Durante el webinar, el experto podría mostrar ejemplos de estrategias exitosas, explicar conceptos clave y responder preguntas de los participantes.

Los webinars son una herramienta valiosa en marketing digital, ya que permiten llegar a una audiencia amplia y diversa sin las restricciones de ubicación geográfica. Además, ofrecen la oportunidad de establecer credibilidad y autoridad en un tema específico, al tiempo que brindan a los participantes la posibilidad de interactuar directamente con los expertos y obtener respuestas a sus preguntas.

WEB SCRAPING

En marketing digital se refiere a la práctica de extraer automáticamente información de páginas web de manera estructurada y sistemática. Es una técnica utilizada para recopilar datos relevantes para análisis, investigación de mercado o para obtener información competitiva.

Imaginemos que estás investigando sobre las opiniones de los consumidores acerca de un producto en particular. Utilizando web scraping, podrías desarrollar un programa o utilizar una herramienta que extraiga las reseñas y comentarios de diferentes sitios web de compras en línea. Estos datos podrían ser analizados para comprender las opiniones y preferencias de los consumidores y ayudarte a tomar decisiones informadas para tu proyecto o investigación.

Un ejemplo concreto de web scraping en marketing digital sería la extracción automática de información de las redes sociales. Imagina que estás realizando un estudio sobre la percepción de una marca en las redes sociales. Mediante el web scraping, podrías extraer publicaciones, comentarios y menciones relacionadas con la marca en diferentes plataformas, como Twitter, Facebook o Instagram. Estos datos podrían ser analizados para comprender el sentimiento de los usuarios hacia la marca y obtener información valiosa para ajustar las estrategias de marketing.

Es importante tener en cuenta que el web scraping debe realizarse de manera ética y respetando los términos de uso y políticas de privacidad de los sitios web. Además, es recomendable utilizar herramientas o bibliotecas de web scraping disponibles que faciliten la extracción de datos de forma automatizada y eficiente.